AF499940

QU'EST-CE QUE

LE

CÔTÉ DROIT?

IMPRIMERIE DE E. DUVERGER,
RUE DE VERNEUIL, N° 4.

QU'EST-CE QUE LE CÔTÉ DROIT?

OU

ITINÉRAIRE DU MINISTÈRE POLIGNAC,

TRACÉ PAR LES MEMBRES DE L'EXTRÊME DROITE

DEPUIS LE 14 OCTOBRE 1815 JUSQU'AU 31 JUILLET 1829.

PAR ALC. WILBERT,

AVOCAT.

A fructibus eorum cognoscetis eos.

(EVANGIL. Math., cap. VII, v. 16.)

Vous les connaîtrez aux fruits qu'ils portent.

PARIS.

BÉNARD, GALERIE VIVIENNE, N° 49;

LEVAVASSEUR, LIBRAIRE, PALAIS-ROYAL.

1829.

AUX ÉLECTEURS

DE

TOUS LES DÉPARTEMENS.

Les documens que j'ai recueillis m'ont conduit aux résultats suivans :

Qu'est-ce que le *Côté droit?* — Un obstacle à la prospérité du pays.

Qu'a-t-il été depuis la Restauration? — Le représentant des opinions du passé.

Que veut-il? — Le passé qu'il regrette.

Électeurs de tous les départemens, si ces trois questions sont résolues, elles vous offrent la mesure de vos devoirs.

Les Ministres ont donné leur démission. Un nouveau ministère a été recruté dans l'extrême droite : il est facile de prévoir la marche qu'il suivra. Ce n'est que parce que les hommes sortis de ses rangs ont trouvé le moyen de réaliser ses espérances que le côté droit les a portés sur le pinacle. De là les devoirs qu'il leur impose, et toutes les craintes qu'ils inspirent. Mais rien ne sera désespéré tant que les ÉLECTEURS auront la conviction de leurs droits. Qu'ils reconnaissent la source du mal, et l'on cessera de croire à ses dangers. Tout le monde est donc plus que jamais intéressé à la solution de cette question : QU'EST-CE QUE LE CÔTÉ DROIT ?

QU'EST-CE QUE
LE
CÔTÉ DROIT?

Chercher la pensée du *côté droit* dans les principes exposés à la tribune par les hommes qui l'ont successivement gouverné, la montrer unanime dans les discours de ses orateurs, ou la faire ressortir plus forte de ses *interruptions* soudaines et des *exclamations* qu'il n'a pu comprimer; tels sont les trois ordres de faits entre lesquels il m'a fallu choisir pour répondre au titre de cet écrit. Je n'avais point à examiner les ouvrages qu'ont répandus quelques-uns de ses membres pour généraliser leurs doctrines : trop long-temps ils les ont médités pour y faire entrer autre chose que ce qu'ils ont voulu qu'on y vît. Cette observation m'a fait regarder avec une égale défiance les professions de foi de ses chefs, et les discours des hommes qui sont arrivés après eux. Si la pensée du *côté droit* s'y retrouve, elle y est du moins tellement colorée qu'on ne peut sans un travail infini la rendre à sa simplicité première. Et comment passer par toutes ces transformations sans se faire accuser de partialité, sans détruire le principal effet d'un écrit qui doit inspirer d'abord la confiance? Rien ne m'a paru plus propre à éviter cet écueil que le moyen auquel je me suis arrêté. C'était prendre le *côté droit* sur le fait, c'était le faire voir dans toute sa nudité, que de signaler chacune de ses protestations, que de le montrer toujours également irritable, et ne pouvant à de certaines consonnances déguiser la pensée dont il calculait l'expression.

J'aurais pu sans sortir des débats législatifs donner plus d'énergie aux documens que je rapporte. Il m'eût suffi pour cela de les emprunter aux journaux de l'opposition, mais je n'ai pas voulu qu'aucun doute en altérât la fidélité. Ce n'était pas assez pour moi de reconnaître la franchise de ces journaux. Cet essai peut tomber sous la main d'un lecteur qui n'y aura pas autant de confiance; j'ai mieux aimé prouver moins et parler à toutes les opinions. Je n'ai consulté que le *Moniteur;* et pour qu'il n'y eût point un fait qu'il ne fût facile de vérifier, j'y ai joint partout la date des séances. Faut-il dire maintenant que ce n'est point seulement de la session qui vient de finir que je me suis occupé dans cet écrit? J'ai voulu signaler la marche d'un parti invariable dans sa première résolution, ne respectant que les enseignes sur lesquelles il l'avait inscrite, et ne se croyant jamais plus menacé qu'au moment où les plus anciens de ses amis, instruits par une sage expérience, voulaient lui frayer de nouvelles voies. J'ai voulu enfin répondre à la question que je me suis posée et le seul moyen pour moi a été de remonter aux premiers jours de la restauration.

La première considération dont on soit frappé en examinant la marche du *côté droit*, depuis cette époque, c'est la constance qu'il a mise dans ses antipathies avec les intérêts populaires. En taxant de révolte l'affranchissement de la nation, il n'a été que conséquent avec ses doctrines; il avait adhéré avec force à ces paroles de M. de Vaublanc, prononcées en 1821 (séance du 12 février): « Toutes les fois « qu'on fera ici l'éloge de la révolution, nous y oppo- « serons tout ce que la révolution a enfanté d'hor- « reurs et d'infamies. » M. de Vaublanc connaissait son auditoire; aussi ne sait-on maintenant ce que l'on doit le plus admirer de la confiance qui lui a dicté ce langage ou de l'opiniâtreté qu'on a mise à lui prêter le ton prophétique. Défendre la révolution française des attaques dirigées contre elle, serait ici un hors-d'œuvre que je n'aurai point à me reprocher:

Le dieu, poursuivant sa carrière,
Verse des torrens de lumière
Sur ses obscurs blasphémateurs.

Rien ne serait cependant plus inexplicable que l'influence que son seul nom a jusqu'à présent exercée sur le *côté droit*, si l'on en cherchait la cause autre part que dans des préventions qui n'ont malheureusement pas vieilli. Les principaux personnages se sont retirés de la scène; mais leurs rôles n'ont point été désertés, et le talent qu'on a mis à les remplir prouve assez qu'on les répétait depuis long-temps. Pour la majeure partie des membres du *côté droit*, la révolution est là toujours menaçante. C'est comme l'un de ces fantômes dont on effraie l'imagination des enfans et qui les poursuit de toutes parts.

Quelque difficile qu'il soit de se prêter à la sincérité de pareilles croyances, il y aurait quelque chose de si odieux à n'y voir pour le *côté droit* qu'un prétexte, que je ne puis malgré tout m'y résoudre : ce serait le déclarer indigne de pardon.

Le *côté droit* ne voit la révolution que dans ses excès, confondant dans une commune proscription et la *Convention* et *l'assemblée Constituante*; il ne rencontre partout que des débris. Tout jusqu'aux anciennes dénominations l'épouvante; il y retrouve d'odieuses allusions: c'est être séditieux que d'en évoquer le souvenir. Le mouvement de 1789 n'est pour lui qu'une insurrection criminelle. Les droits du peuple ont disparu au retour du roi légitime; ils avaient été ravis à sa couronne, il les a reconquis en la reprenant. Parler après cela des excès de 1815, c'est faire un appel à la révolte. Jamais exemple ne fut plus salutaire: sans lui la révolution recommençait. C'est de ces commotions politiques que sont nées les *lois d'exception*; multipliées avec une profusion jusque là inusitée, on ne les conserve ensuite que par cela seul qu'elles existent; et cette raison, tirée de l'existence des lois, devient tout-à-fait sérieuse pour ceux qui la donnent. Elle servira de prétexte au rejet de tous les projets d'améliorations, de celui-là même qui doit proclamer l'abolition de la peine de mort. On a été jusqu'à demander une loi qui autorisât la détention indéfinie des *suspects*, et cela pour protéger *la majorité* des Français contre la minorité, et la minorité contre elle-même!.. Et le ministre qui la demandait ne trouva qu'une voix au *côté droit*, tant il y avait là de patriotisme!..

Les députés du côté gauche viennent-ils invoquer les principes que la Charte a consacrés, on rit hautement de leurs efforts. Prononcent-ils le mot d'égalité, des voix s'élèvent du *côté droit* qui ajoutent: *Fraternité ou la mort*, insultant ainsi à la plus noble pensée du prince auteur de la Charte!... et la Charte elle-même, comment le *côté droit* la comprend-il? comme inséparable du nom du roi? Non, car c'est l'outrager que crier *vive la Charte!*

Veut-on savoir où cette pensée l'a conduit?

Inspirer le dévouement à la Charte et à la monarchie constitutionnelle, c'est provoquer au mépris du roi. On ne peut professer de telles doctrines sans avoir démérité de la patrie. Il faut écarter de l'enseignement ceux qui ont essayé de les répandre. Ce ne sont pas là les seuls poisons que les professeurs présentent aux jeunes gens. Ils ne leur parlent de *Brutus* et de *Caton* que pour détruire dans leurs cœurs l'amour du roi légitime; et à peine sortis des colléges, les jeunes gens viennent vomir dans le monde les doctrines qu'on leur a prêchées. La soif de la célébrité les fait s'attaquer à ce qu'il y a de plus auguste et de plus saint, sûrs qu'ils sont d'être encouragés à la tribune nationale par les représentans du pays. Quand je dis les représentans du pays, je me trompe : le *côté droit* ne veut pas qu'il y ait des représentans à la Chambre. Ce mot rappelle en effet un temps voué à l'oubli ; nouvelle preuve de sa haine contre tout ce qui est émané de la révolution française.

Le nom du roi ne doit point être mêlé aux débats parlementaires, mais le *côté droit* y voit une réponse à tous les reproches, et la raison de convenance est oubliée.

Par l'article 14 de la Charte, le roi seul a le droit d'arrêter l'organisation de la force publique. Proposer des moyens d'amélioration, c'est méconnaître l'initiative royale ; signaler le danger de l'agglomération de toutes les forces sur un seul point, c'est oublier le respect dû à l'autorité du roi ; parler de la politique atroce d'un Gouvernement voisin, c'est en insulter le monarque. Le Gouvernement c'est le roi, s'écrie une voix de la droite, et le rappel à l'ordre est ordonné.

Enfin si l'on dit aux ministres qu'ils compromettent les intérêts du pays par leurs traités, ils répondent que les traités sont l'une des prérogatives de la couronne ; et les applaudissemens du *côté droit* leur prouvent qu'ils se sont mis à couvert : et le *côté droit* s'étonne qu'on ait d'autres explications à demander !...

Je n'entends point contester à personne le droit d'exprimer à sa manière la pensée qui lui appartient. Je ne connais point de représentation possible sans la liberté de la tribune. Mais qu'il y a loin de l'émission franche et loyale d'une opinion mûrie dans le silence, à ces continuelles exclamations qui prouvent moins la conviction que l'embarras du parti qui les laisse éclater !...

Les intentions les plus pures n'échappent point au venin de la prévention. Signale-t-on à la tribune les principes inconstitutionnels des desservans des paroisses ? ce n'est pas les ministres du culte qu'on veut atteindre, mais le culte qu'ils ont embrassé. Parle-t-on des prédications incendiaires des missionnaires répandus sur tous les points de la France ? leur existence est une suite nécessaire de la liberté des cultes, on ne peut les attaquer sans la méconnaître !... Et quand au nom de cette liberté l'on vient demander une même protection pour les protestans, on répond que la religion catholique, apostolique et romaine est la *religion de l'État*. Et quelles conséquences ne tire-t-on pas de cette déclaration ? Proposer d'enlever l'éducation aux corps religieux c'est oublier que la religion est la base de toute éducation monarchique. C'est flétrir les plus belles années de la jeunesse, c'est la faire mourir avant le temps que de l'intéresser aux débats politiques agités en présence de la nation. Il s'agit moins d'apprendre aux jeunes gens ce qu'ils doivent faire étant hommes, que de les rendre monarchiques et religieux, que de les habituer à se renfermer dans les douces et paisibles occupations de l'étude...

Le côté gauche attaque-t-il les moyens d'instruction? on lui oppose de l'autre côté l'omnipotence universitaire. Parle-t-il du danger de laisser l'instruction aux corporations non autorisées? on revendique contre lui la liberté d'enseignement. Les points qu'on croyait le mieux arrêtés sont ainsi successivement modifiés suivant que le *côté droit* se laisse entraîner par ses haines ou ses exigences.

En voyant un tel aveuglement, ne serait-on pas tenté de se demander si la révolution est encore à naître, si l'on doit toujours regarder comme problématique le triomphe des principes pour lesquels une génération tout entière a si laborieusement combattu? Depuis quinze ans que les lumières ont traversé dans tous les sens les provinces de la France les plus éloignées de Paris, le *côté droit* est le seul qui ait voulu rester étranger à leur éclat. Pour lui, si le temps a marché, la civilisation est demeurée stationnaire, son progrès n'est qu'une perfide illusion. Ce ne sont pas là les sentimens de tel ou tel individu, c'est l'esprit d'une caste tout entière, communiqué sans effort et reçu sans opposition comme un dogme qui ne comporte pas l'examen : et qu'on ne me reproche pas cette qualification, je n'en connais pas qui lui convienne davantage; le *côté droit* se croit en effet le seul corps privilégié. Les écarts les plus coupables deviennent légitimes aussitôt qu'il y voit un moyen d'arriver. Les commissaires que le roi a chargés de le représenter à la Chambre ne peuvent eux-mêmes échapper aux murmures en parlant de la loyauté des membres de l'opposition : *Le bel honneur!!* dit-on au général FOY, en lui entendant nommer comme son honorable ami le général LA FAYETTE. *A bas!* s'écrie un membre du *côté droit*, en s'adressant à un orateur dont il ne partage pas les doctrines, et il n'est pas même rappelé à l'ordre!... On ne s'attend pas sans doute à me voir dire ici les diverses circonstances dans lesquelles le *côté droit* a fait subir à ses adversaires toutes les conséquences de sa position. Si, en 1823, il exclut M. MANUEL sur l'expression d'une pensée qu'on ne lui laisse pas le temps de développer dans son ensemble, c'est sous le plus frivole prétexte qu'il demande, en 1824, l'expulsion de M. BENJAMIN CONSTANT. Il n'est pas Français!... s'écrie le *côté droit*; et, depuis 5 ans qu'il siégeait à la Chambre, personne n'avait songé à lui contester un tel titre, et avant d'arriver à la Chambre il était entré dans l'administration, et avant d'être administrateur il avait siégé au Tribunat!...

Quel précédent n'y aurait-on pas vu si ce moyen avait été accueilli?

Telle fut la politique du *côté droit*.

Menaçant à son origine on avait espéré le voir céder aux progrès des temps : ces progrès qu'il a méconnus ont fait succéder chez lui la colère à la menace en lui montrant toute espèce de transaction comme un parjure.

Faut-il s'étonner après cela de tous les maux qu'il a faits à la France?

C'est pour défendre la majorité contre la minorité qu'il a enchaîné la liberté individuelle. Le besoin d'arrêter les abus de la presse lui en a fait proscrire la liberté. Il a cru la divinité outragée, et, pour la venger, il a voté la loi du sacrilége. Il eût enfin, par le droit d'aînesse, porté la division dans les familles, si le roi n'avait été mieux instruit.

M. le comte DE VAUBLANC, ministre de l'intérieur, disait, le 23 octobre 1815: « Il est une mino-« rité factieuse, ennemie des lois, ennemie du repos, « ennemie d'elle-même, l'ordre lui pèse, la tranquil-« lité est son supplice. » — Quand on relit aujourd'hui ce portrait, peut-on croire avec son auteur qu'il a caractérisé le côté gauche? quatorze ans depuis écoulés nous ont appris sur quelles bannières il fallait transcrire ces paroles!...

A qui le *côté droit* peut-il encore inspirer quelque confiance? Et ce qu'il n'a pas fait jusqu'ici, croit-on qu'il le fasse jamais, de bon gré, avec une conviction contraire, sans aucune restriction mentale? Et dans le cas peu vraisemblable où il voudrait s'amender, ne serait-ce pas outrer le précepte évangélique que de le recevoir à merci? Le passé n'est pas rassurant, et par lui l'avenir est facile à prévoir. Qu'on se rappelle l'histoire des deux dernières sessions.

Jamais élections n'avaient fait naître plus d'espérances que celles qui ont précédé la chute du dernier ministère. Considérées comme un coup d'état par les hommes qui les avaient si étrangement improvisées, elles étaient a peine résolues que déjà le pouvoir leur échappait. Depuis long-temps, en effet, il n'y avait plus d'indécision que sur les moyens; le but était un besoin pour tout le monde. L'indignation partout à son comble ne pouvait négliger cette occasion de s'exprimer partout avec une égale énergie. Le pays avait reconquis toute sa force, le premier usage qu'il en fit fut d'éclairer la religion du *prince* en lui montrant ses destinées compromises et son trône audacieusement ébranlé ! Quel autre moment pouvait-on trouver plus opportun que celui où le sang de ses sujets venait d'être répandu comme une expiation par des ministres prévaricateurs ? Et le moyen de les montrer en hostilité flagrante avec le pays n'était-il pas tout entier dans le spectacle dont ils avaient voulu se repaître avant leur départ ? La voix du peuple avait été de toutes parts unanime; en la regardant comme un conseil de la Providence, le roi qui fut assez heureux pour l'entendre, voulut sympathiser avec elle. Ses ministres furent remplacés, et les successeurs qu'il leur donna ne tardèrent pas à élever une barrière où tous les partis devaient se ranger. Leurs essais furent reçus avec d'autant plus de confiance qu'ils devaient être examinés avec plus de franchise. Etaient ils de bonne foi en les proposant ? je le crois. Quels qu'aient été depuis les résultats obtenus, quelque facilité qu'il y ait à les montrer aux moins imprudens, les ministres voulaient le bien en arrivant au pouvoir; ils avaient besoin de la confiance du pays; tous les précédens étaient à craindre, et abstraction faite du coloris brillant dont ils revêtaient leurs pensées, trop de fois ils les avaient reproduites pour qu'il fût permis de douter qu'elles émanassent d'une conviction profonde. Si l'événement n'a point répondu à leur attente, si le désappointement qu'ils ont essuyé leur a valu par le côté gauche le reproche d'une politique mesquine et cachée, tandis que le *côté droit* se jouait du ridicule de leurs efforts, c'est qu'ils n'ont vu la France que dans le *côté droit;* c'est qu'effrayés des lamentations dont cette fraction de la Chambre s'est fait depuis long-temps une habitude, ils ont oublié l'histoire des sessions précédentes; c'est qu'au lieu d'entrer franchement dans la large carrière des améliorations, voulues par le roi et sollicitées par le pays, ils ont cru, comme le *côté droit* qui ne se lassait pas de le leur répéter, que le peuple devait suivre en aveugle, sans interroger ses conducteurs, que tous ses conseils étaient perfides et qu'il leur fallait s'arrêter partout où il voudrait aider à leur marche. Mais qu'on ne croie pas que cette politique ait été pour eux le résultat des réflexions d'un moment. Il leur eût été trop facile d'échapper à ses dangers. Qu'il en eût le premier fait la remarque, ou que, confiant en sa propre force, le *côté droit* ne doutât pas d'arriver à ses fins à l'aide de son ancien cri de ralliement, il ne se montra pas d'abord opiniâtrément hostile aux projets avoués du ministère; tout semblait au contraire destiné à faciliter la fusion. Pour la première fois le côté gauche allait combattre à égalité de forces ; la Chambre avait choisi pour la présider un homme dont le nom, sept fois sorti de l'urne électorale, s'était jusque là rattaché à tous les projets d'amélioration, estimé de ceux-là même dont il ne partageait pas les principes. Je ne rappellerai pas combien vite ont été déçues ses espérances, personne aujourd'hui ne l'ignore, tous les résultats sont d'hier; mais il n'est pas inutile de montrer les causes d'une telle déception, c'est ce que je me suis proposé dans cet écrit.

On m'a dit que le but n'avait été manqué que parce qu'on voulait trop; pour prouver qu'on ne s'en est écarté que parce qu'on ne voulait rien, j'ai suivi la marche du *côté droit* depuis 1815. Je me serais borné à cette analyse, les faits eussent assez parlé d'eux-mêmes, si je n'avais craint qu'on se méprît sur mes intentions. Que ceux qui ne les voudront point pervertir ne me jugent point avant d'avoir lu ; je ne puis m'aveugler sur l'extension que leur donneront ceux qui les croient déjà criminelles :

> Qui n'aime pas Cottin n'estime pas son roi ;

et je cours grand risque de passer pour un ennemi de la cause royale, en cherchant à caractériser la politique de ceux qui en ont voulu être les seuls appuis. Mais ce n'est pas seulement pour eux que ce travail est entrepris, ils ne pourront en profiter qu'autant qu'ils se seront d'abord dépouillés de la prévention qu'il leur inspire : qu'ils l'examinent froidement, et peut-être y trouveront-ils un moyen de s'éclairer. Cependant je ne le leur dissimule pas, il ne s'agit de rien moins pour eux que d'abandonner une voie qu'ils ont suivie quinze ans avec une docilité sans exemple. C'est surtout pour ceux qui les ont élus que ces matériaux sont recueillis, c'est pour en faire l'objet de leurs méditations que je les leur présente; puissent-ils y trouver le moyen de faire cesser le malaise dont ils se plaignent; j'aurai fait mon devoir en les mettant sur la voie!.... Aurai-je également évité le double écueil que j'entrevoyais en commençant? En m'interdisant toute question de personne, j'ai surtout cherché à ne point faire de cet écrit un brandon de discorde. Si quelque scandale en résulte, ce ne sera pas moi qui l'y aurai mis, je n'avais aucun moyen de l'empêcher. C'est à ceux qui me liront, de songer au devoir qu'il leur impose. L'effet ne peut cesser qu'avec la cause qui le produit, et je n'ai dit quelle elle est, que parce que j'espérais être entendu; c'est aux électeurs d'aller plus loin.

Le ministère n'a déjà plus besoin d'une nouvelle expérience pour savoir ce qu'il peut espérer de la position qu'il a prise. Il ne s'est rattaché au *côté droit* qu'en désespoir de cause, mais le sol n'est pas assez ferme pour qu'il continue de s'y ancrer. De solennelles promesses ont été faites à la France, le temps viendra de les tenir, et ce temps ne peut être éloigné : voilà ce que le ministère n'ignore plus. Il lui reste à choisir entre deux partis : l'un, franchement constitutionnel et appelant de tous ses vœux l'ordre légal; l'autre, effrayé du changement, quelque caractère qu'on lui donne, et, à défaut d'autres armes, n'attaquant que par l'ironie les nouveaux moyens de gouvernement. Son hésitation ne peut être longue, le ministère marchera avec le pays, ou, en le renversant, le pays se souviendra de ceux-là qui l'ont fait dévier[1].

Il n'est point de sentimens généreux que le *côté droit* n'ait flétris du nom de révolte, point de projets d'amélioration qu'il n'ait considérés comme un bouleversement, point de nobles protestations qui ne lui aient paru attentatoires à l'autorité du roi. Qu'on examine attentivement toutes mes preuves, et je ne craindrai pas d'être taxé d'exagération. C'est alors seulement qu'on pourra dire s'il ne doit exister à la Chambre qu'un écho pour les intérêts généraux avant l'entier renouvellement du *côté droit*!!!

(1) Ces réflexions ne s'appliquaient qu'au ministère qui vient de se retirer. Quelles que fussent déjà mes données sur le *côté droit*, je ne m'attendais pas à le retrouver sitôt sur la brèche. Ses protégés n'ont rien fait jusqu'ici qui annonce la résolution qu'ils vont prendre; mais cette résolution ne peut être à craindre : l'esprit public a protesté contre eux. La honte de n'avoir pas pu tout ce qu'ils voulaient est le seul souvenir qui leur survivra. Puisse leur gloire d'un moment n'être pas perdue pour les électeurs ! puissent-ils, en se rappelant qu'ils ont en leurs mains le pouvoir de forcer à la retraite les ministres qui s'opiniâtreraient à ne pas entendre, en tirer désormais cette leçon qu'il n'y a de dangereux pour la patrie que l'indifférence des citoyens !

DOCUMENS A CONSULTER.

Les documens qui vont suivre sont tous empruntés aux *débats législatifs;* il n'en est aucun qu'on puisse révoquer en doute. Ce ne sont pas des faits jetés en avant sans autre dessein que de piquer la curiosité. Il fallait d'abord éclairer l'opinion, et, pour y arriver, je crois, avec Montesquieu, qu'il s'agit moins de faire lire que de faire penser. Qu'on ne s'étonne donc pas du petit nombre des annotations; j'ai dit pourquoi j'en ai laissé le soin au lecteur. Tout ce que j'avais à faire pour abréger ses travaux était d'arrêter une classification dont les diverses parties pourraient être *séparément* consultées. Si elle est parcourue sans fatigue, j'aurai atteint le but que je me proposais; car on sentira le besoin d'y revenir. L'ordre que j'ai suivi me dispensera de toute autre introduction.

ARMÉE (SENTIMENT DES BESOINS DE L').

1821. 28 juin.

M. le général Sébastiani : « Les observations que j'ai à vous soumettre sur l'ensemble du chapitre tendent à prouver qu'avec une meilleure organisation de l'armée... (*Voix à droite :* Cela ne nous regarde pas.) Ce sont des observations; qu'on peut, dis-je, procurer à l'armée cinquante mille hommes de plus, sans augmenter la dépense. Et qu'on ne dise pas que sur de tels sujets nous devons employer la forme de la proposition et celle de l'adresse au roi. Non, Messieurs, ce ne serait pas reconnaître le véritable caractère du Gouvernement représentatif. Il est de sa nature qu'à cette tribune on fasse des observations générales sur la marche, sur le système du Gouvernement et sur toutes les améliorations possibles : cela ne porte en rien atteinte à l'initiative et à la prérogative royale..... J'ai rendu un hommage mérité à la garde royale, à sa discipline, à son instruction, à son excellent esprit. Je ne propose aucune réduction dans le nombre d'hommes dont elle se compose ; mais je voudrais qu'elle fût appropriée à l'organisation de l'armée. Elle est de plus de vingt mille hommes : elle serait plus en harmonie avec l'armée si, en conservant ce nombre, vous y formiez un corps séparé sous le titre de *Vieille garde*. (Quelques murmures à droite..... *Plusieurs voix :* Ah ! l'empereur... *M. Barthe-Labastide.* C'est au roi seul qu'il appartient d'organiser son armée. »)

1826. 1er juin.

M. le général Sébastiani : « Inquiète d'un avenir si incertain, l'armée est en outre tourmentée par les délations et l'espionnage. » (Murmures très vifs.)

1828. 12 avril.

Plusieurs officiers en demi-solde demandaient le prix de leurs services et l'exécution de la promesse royale.

M. le vicomte Lemercier : « La France ne peut laisser dans l'indigence ceux qui, pour la servir, ont été enlevés à leurs travaux, aux métiers qu'ils avaient appris, aux arts et aux professions qu'ils avaient embrassés. Aujourd'hui ils lui demandent du pain en compensation de l'aisance qu'ils auraient pu obtenir par leur travail et leur industrie. » (Aux voix! aux voix!)

Après avoir été de nouveau interrompu, M. Lemercier ajoute en finissant : « L'injustice et la misère ne seront pas, j'espère, le prix de ce noble dévouement. Je conclus en appuyant le renvoi. » (Ah! ah!)

1828. 16 mai.

M. Viennet : « Serait-il sage, serait-il politique de laisser notre armée dans l'état de délâbrement où M. de Clermont-Tonnerre nous l'a rendue? » (Murmures à droite.)

1829. 26 juin.

M. Dupin aîné : « Ainsi ce serait parce qu'il y aurait un petit nombre d'enfans à la suite des régimens qu'il faudrait, dans chaque régiment, instituer un aumônier avec de gros appointemens qui équivalent à ceux d'un officier supérieur. (Murmures à droite.) Messieurs, entrevoyez le danger. Un grand-aumônier placé près du trône, sans responsabilité, a dans chaque régiment, un homme à lui, à sa nomination, un homme qui ne correspond qu'avec lui, qui ne reçoit d'instructions que de lui, qui peut avoir une impulsion uniforme dans tel ou tel sens qui pourrait bien n'être pas le sens légal; c'est arrivé sous Louis XIV, où l'on fut obligé de disloquer, pour un motif semblable, tous les corps de l'armée. Si dans un tel ordre de chose, quelques aumôniers se laissaient emporter par des idées politiques, à une certaine direction; s'ils prétendaient influencer sur l'avancement dans l'armée; si c'était sur leurs certificats de bonne conduite. (Vive interruption à droite... *A gauche*, oui : c'est vrai; cela se faisait ainsi.) M. le Ministre de la guerre pourra dire que cela ne se fait pas, et je crois bien qu'il ne le souffrirait pas aujourd'hui... Je veux bien que nous soyons délivrés de cet état; mais il a existé, et il pourrait bien exister encore. (Nouveaux murmures.)

---

§ Ier

AVANCEMENT.

1826. 1er juin.

M. le général Sébastiani : « Dans l'infanterie, dans la cavalerie, plus d'ordre, plus de régularité dans les avancemens. Les armes même du génie et de l'artillerie sont livrées à tous les caprices de la volonté ministérielle, qui se substitue audacieusement à la volonté de la loi. » (Des murmures s'élèvent.)

1829. 15 juin.

M. Demarçay : « Un ingénieur très distingué par ses travaux et ses talens est écarté par de jeunes ingénieurs qui ont passé leur temps au milieu de leurs familles, occupés à peine à faire mettre quelques cailloux sur les routes. Il est vrai qu'ils se sont enrôlés sous les bannières d'une société trop fameuse (murmures à droite), et qu'ils se sont faits entrepreneurs d'élections. » (Nouveaux murmures à droite.)

---

§ II.

AVANCEMENT DES OFFICIERS SUPÉRIEURS.

1820. 25 avril.

M. Sébastiani : « En me résumant, je demande que la pétition soit renvoyée aux ministres de l'intérieur et de la guerre. Je demande surtout le renvoi au ministre de la guerre, parce que ce ministre tient toutes les promesses qu'un journal nous a dit avoir été faites à un parti... (Murmures à droite. *Plusieurs voix:* Cela ne vous regarde pas.) Je le demande parce que plusieurs généraux dont j'aperçois ici quelques-uns, ont été obligés d'abandonner des fonctions qu'ils ont honorées par une longue carrière; tandis que ceux qui étaient pour ainsi dire étrangers à l'armée viennent envahir toutes les places qu'il ne fallait donner qu'au service réel... (*Voix à droite:* Sont-ce des places que vous voulez?) Non, Messieurs, non, nous ne voulons pas de places, nous ne voulons que la justice, etc. »

1826. 1er juin.

M. le général Sébastiani : « Joignez-y l'ordonnance fatale qui a brisé l'épée de cent cinquante généraux couverts de gloire; qui, pour prix de tant de services, les a condamnés à une espèce de mort anticipée; qui livre leur existence mutilée aux cruelles atteintes du besoin; ou les oblige, nouveaux Bélisaires, à tendre à la pitié d'autrui une main qui a gagné des batailles (1). » (Murmures.)

1828 25 avril.

M. Dupin aîné : « Nous sommes moins riches puisque cet étranger (le prince de Hohenlohe) entre en partage avec nous. (Murmures à droite.) Cela est évident, il y a moins de chance pour un Français d'être maréchal de

(1) Le *côté droit* invoque le patronage des officiers supérieurs, quand les sous-officiers se plaignent des difficultés de l'avancement; et la voix des officiers supérieurs est étouffée quand ils parlent au *côté droit* de leur misère. On croirait qu'il n'a d'affection que pour ceux qu'il appelle les vieux serviteurs du roi, si l'on ne savait pas que ce qu'il veut surtout c'est enchaîner les résistances; c'est prouver que, comme le Roi, le gouvernement ne peut se tromper, qu'il est politiquement impeccable.

France, d'être pair de France, quand cette dignité est conférée à un étranger. » (Nouveaux murmures.)

---

§ III.

AVANCEMENT DES SOUS-OFFICIERS

1822. 27 mars.

M. le général Gérard : «Voulez-vous que ces braves sous-officiers ne soupirent plus après l'expiration du temps de leurs services, et qu'ils se plaisent à recommencer une nouvelle carrière et à vieillir dans les régimens dont ils sont l'ame et la force? ne leur ôtez pas l'espoir d'arriver successivement aux grades supérieurs... (1) » (Murmures à droite.)

BUDJET (DISCUSSION DU).

1820. 19 juin.

L'administration est responsable. Le *budget* n'est rien autre que l'état de ses dépenses; toutes les dispositions en doivent être sévèrement examinées. C'est le vœu formel de la charte qui porte art. 48 : aucun impôt ne peut être rétabli ni perçu s'il n'a été *consenti* par les deux chambres, et sanctionné par le roi. » — Le côté gauche, qui n'a pas cessé de trouver l'intérêt des contribuables dans la discussion du budget, a continuellement pensé qu'il n'y pouvait apporter trop d'attention. Telle n'a pas été l'opinion de ses adversaires : *Nous ne sommes pas ici pour administrer*, ont-ils répondu aux membres du côté gauche, qui se croyaient surtout à la chambre pour faire les affaires du pays; et cette considération a jusqu'à présent prévalu dans leur esprit; le vote du budget n'a été pour eux qu'une convenance de position : rien ne leur a paru plus pressé que son accomplissement.

M. Laisné de Villevêque. « Ce n'est plus l'Europe qui est tributaire de la France; c'est la France qui est devenue la curée de l'Europe... (De violens murmures s'élè-

(1) Le *côté droit* ne veut pas qu'on s'occupe de la situation des *sous-officiers*. Il ne méconnaît pas absolument leurs besoins; mais ce n'est

vent au centre et à droite.) Messieurs, le mot est dur, il est douloureux à prononcer, mais il est le mot propre, quoiqu'il révolte un bon Français... Oui, ce mot est le mot propre, n'avez-vous pas payé trois milliards à l'Europe conjurée contre vous...? (Une vive agitation interrompt l'orateur...) J'insiste pour l'adoption de la réduction de la commission.

---

§ Ier.

PERSONNEL DES ADMINISTRATIONS.

1817. 27 février.

M. de Caumont. « On vous fera, si vous voulez, le sacrifice de quelques commis, même de quelques sous-chefs; mais les favorisés échapperont à la nécessité des suppressions. (Quelques murmures s'élèvent.)

1818. 4 avril.

M. Ganilh. « La commision aurait désiré voir réduire de moitié les frais de bureaux du trésor public, où l'on compte 1355 commis, tandis que la banque de France n'en occupe qu'une soixantaine. » (Quelques murmures repoussent cette comparaison.)

pas à lui d'en apprécier l'étendue; ce serait encourager les soldats à se soustraire au patronage de leurs chefs : toute espèce de subordination serait de ce moment impossible. — C'est aussi pour faire respecter l'autorité des évêques qu'il repousse les plaintes du *bas clergé*. C'est pous ne point entraver la marche du gouvernement qu'il voudrait écarter le réclamations rédigées contre ses agens. — Par là il croit avoir mis une apparence de justice dans ses refus; mais ou l'infaillibité n'appartient ni à l'autorité civile, ni à l'autorité des évêques, ni à l'autorité militaire, ou le *droit de pétition* n'est plus qu'une formalité sans objet. Je sais bien que le *côté droit* consentirait sans peine à voir retrancher de la charte la déclaration de ce droit. Mais c'est moins prouver contre la charte, que fournir un argument en sa faveur.

1819. 1er juillet.

M. Cornet d'Incourt avait présenté un amendement portant que la retenue ou le traitement des employés cesserait par moitié sur les traitemens qui n'excéderaient pas 6,000 fr.

« Je ne me dissimule pas, disait-il, que ma proposition peut-être considérée comme une espèce de scandale, dans une ville qui renferme à elle seule, en très grande partie, le nombreux et brillant état-major de l'innombrable armée des fonctionaires publics. » (Des murmures interrompent.)

1819. 1er juillet.

M. Courvoisier. « Trop souvent en butte aux plaisanteries et aux sarcasmes, les fonctionnaires pouvaient espérer du moins ne pas en rencontrer dans cette enceinte...(1) (Mouvement d'adhésion.)

---

§ II.

TRAITEMENT DES MAGISTRATS.

1821. 6 juin.

M. Étienne: « Les fonctions inamovibles, celles des juges de première instance, par exemple, sont rétribuées avec une mesquine parcimonie, parce qu'on veut paralyser l'indépendance qui s'attache à un état permanent, par le besoin de plaire à l'autorité pour en obtenir un sort plus heureux. » (Murmures à droite et au centre.)

(1) M. Courvoisier est aujourd'hui ministre de la justice.

§ III.

TRAITEMENT DE PREMIER ORDRE.

1819. 1er juin.

M. B.-Constant. « Je remarque que les traitemens des préfets sont de beaucoup supérieurs à ceux de l'an 8. Ne vaut-il pas mieux qu'ils se concilient l'affection de leurs administrés, en ne faisant pas contraster l'État de leur représentation avec la misère du peuple. » (Des murmures interrompent.)

1822. 16 mars.

M. le président Ravez : « M. le général Tarayre propose une réduction de 100,000 fr. sur le traitement du garde-des-sceaux et sur celui de tous les autres ministres. » (Murmures à droite.)

La parole est accordée à M. le général Tarayre. (Vive agitation à droite.)

M. le général Tarayre. « Si les ministres n'avaient que 50,000 fr., vous ne verriez pas des hommes nouveaux appelés subitement au ministère... (*Voix diverses:* Et l'égalité !) Vous n'y verriez appelés que des hommes recommandables par d'anciens services et ayant une fortune personnelle... (*Voix à droite:* Ah ! ah ! et l'aristocratie ?) Je n'accuse du désorde que je signale ni la révolution, ni le Gouvernement impérial. Le vice remonte plus haut; il vient de l'ancien régime... (*Voix à droite :* Eh ! nous y voilà.) Cela est facile à prouver. Quels étaient les élémens du Gouvernement avant la révolution ? (Nouveaux murmures à droite. *Une voix:* Passez au 10 août. (1) Un monarque absolu, une noblesse, un clergé... (Les murmures redoublent. *Une foule de voix :* A l'amendement ! à l'amendement !)

(1) *V.* Ruses de Guerre.

M. le président rappelle à l'orateur qu'il s'écarte de la question.

M. le général Tarayre. « Si vous supprimez 300,000 fr. sur les traitemens, vous trouverez à l'instant facile de faire d'autres économies très nombreuses, vous pouvez réduire alors les directeurs-généraux, les préfets, les sous-préfets.... (Exclamation à droite.) Mais tout le monde veut de la représentation; c'est là ce qui écrase la France. »

---

§ IV.

SINÉCURES.

1821. 21 avril.

M. Beauséjour. « Au lieu de cette économie désirable dans l'administration, on trouve partout des dépenses inutiles, quelquefois même scandaleuses, souvent sans autre objet que de créer des fonctionnaires à qui l'on ne connaît d'autres fonctions réelles que de toucher le traitement qu'on leur assigne » (Murmures au centre.)

---

§ V.

IMPOTS EXTRAORDINAIRES.

1821. 16 juillet.

M. Casimir Périer. « Qu'est-ce donc que le droit dont il s'agit ici, si ce n'est un impôt? Quel autre nom lui donner? Et à ce titre pourquoi ne figurerait-il pas au budget? Pourquoi refuserait-on d'en rendre compte? Il n'est pas présenté à la sanction de la loi; il n'existe qu'en vertu d'ordonnance; alors vous voyez dans quel vague, dans quel arbitraire vous êtes jetés; c'est véritablement une mer sans rivage. (Des murmures interrompent.) Mais, Messieurs, je vous le demande, si vous tolérez une telle perception sans le soutien de la loi, pourquoi demain le Gouvernement n'en établirait-il pas de semblables pour diverses nominations, pour les places de receveurs-généraux, d'agens de change, pour la décoration de la Légion-d'Honneur et de l'ordre de Saint-Louis, pour l'érection même des titres des pairs?... (Nouveaux murmures.)

1821. 16 juillet.

M. de la Bourdonnaye. Soutenir que les droits établis sur des bâtimens français ne sont pas un impôt, ce serait reconnaître aussi que les douanes ne sont pas un impôt... On dit que vous devez payer ce droit par ce qu'il a été établi par un traité. J'en reviens toujours à ce point, que, s'il en était ainsi, les souverains étrangers auront le droit, quand ils seront les plus forts, de faire insérer dans un traité que vous paierez tel impôt qu'il leur plaira mettre. (Murmures).... Un ministère qui s'entendrait avec les puissances étrangères n'aurait plus besoin des Chambres. (Murmures.) Il ferait établir un impôt par le roi d'Angleterre. » (Les murmures continuent.)

---

§ VI.

PROTECTION ACCORDÉE AUX ÉCRIVAINS.

1816. 29 mars.

M. Puymaurin. « Je ne crois pas en général qu'il soit nécessaire de trop enrichir les savans et les hommes de lettre. Vous connaissez l'histoire de ce roi qui avait un poète très fécond; il lui donna une abbaye. Dès ce moment plus d'odes, plus de poésie.... (On rit). On demanda au roi la raison du silence que gardait le poète.

« Que voulez-vous, répondit le monarque, la poule est trop grasse, elle ne pond plus... (1) » (On rit encore.)

---

§ VII.

PENSIONNAIRES DU ROI.

1819. 28 janvier.

M. Voyer d'Argenson. « Loin d'imiter l'exemple d'un peuple qui laisse à la liste civile le soin de défrayer la pompe et la garde de la cour, nous laissons le trésor national surchargé d'une foule de traitemens qui n'ont guère d'autre objet. » (Une assez vive agitation se manifeste. *Quelques voix :* A la question.)

1820. 18 avril.

M. Manuel : « Il s'agit d'une pension qui aurait été donnée par le directeur de la maison du roi, pension accordée sur la liste civile. Qui parle ici d'élever un reproche contre le roi ? le directeur de sa maison aura peut-être été trompé lui-même. » (Des murmures éclatent à droite.)

1820. 28 avril.

M. Manuel : « J'ai dit de manière à être compris, qu'il

(1) Cette plaisanterie serait excellente, si tout autre que M. *de Puymaurin* l'avait faite ; si elle avait eu pour but de prouver qu'en principe les grandes créations de l'esprit sont étrangères à l'écrivain qu'on a gorgé de richesses, parce qu'il leur a presque toujours sacrifié son indépendance. Mais faut-il les condamner tous à la misère pour les soustraire à la destinée de celui dont parle ici M. *de Puymaurin* ? — Si tous les écrivains avaient pour perspective l'hôpital où sont morts leurs plus illustres devanciers, la république des lettres serait, il est vrai, moins encombrée ; mais, avec l'émulation qu'enfantent ordinairement les gloires rivales, ne lui aurait-on pas enlevé tous ses moyens de célébrité ?

L'usage en est fort bon si l'abus est funeste.

Voilà ce que ni M. *de Puymaurin*, ni ses honorables amis n'ont jamais voulu comprendre. J'aurai plus d'une occasion de rappeler qu'ils avaient leurs raisons.

ne s'agissait pas ici d'accuser le Gouvernement lui-même, mais le Gouvernement occulte. Les faits achèvent de justifier le principe établi, quand on voit d'une part, destituer un individu et presque de la même main lui donner des récompenses. » (Un vif mouvement interrompt à droite. *Une foule de voix :* Vous n'avez rien à voir sur l'emploi de la liste civile.)

M. de Labourdonnaye : « Le roi n'a aucun compte à rendre de cet emploi, il en dispose suivant sa sagesse, sa munificence et sa justice. L'orateur est donc sorti à la fois, et des bornes de la question dans laquelle il devait se renfermer, et du cercle de nos attributions constitutionnelles. Je demande son rappel à l'ordre. » (Cet avis est fortement appuyé à droite.)

---

§ VIII.

RECONNAISSANCE NATIONALE.

1819. 28 janvier.

M. de Satis (député des Ardennes). « Le souvenir de la prospérité passée compense faiblement les malheurs du présent.

« C'est le sentiment qui prévalut en 1815, quand la députation du département des Ardennes vint exposer les souffrances auxquelles ce département était livré, le ministre dont la Chambre s'occupe en ce moment, (il s'agissait de lui délivrer une récompense nationale sur la proposition du roi), se reprochait le traité du 20 novembre; est-il possible, se disait-il, que la main d'un Richelieu ait pu signer un pareil traité? C'étaient ses propres paroles.... » (Vive agitation.)

M. Cornet. « J'ai peine à croire qu'on vienne nous proposer, au nom du roi, d'accorder une récompense nationale à celui dont la retraite nous préserve des plus grands malheurs... » (Mouvement d'agitation.)

CENSURE (INVIOLABILITÉ DE LA).

1821. 7 juillet.

M. B.-Constant : « Les quinze mois de la censure ont été les saturnales de la calomnie. » (Murmures au centre. Approbation à gauche.)

1821. 7 juillet.

M. B.-Constant propose, par article additionnel, que le manuscrit remis à un censeur soit vu, approuvé et signé par lui, et que cette signature soit mentionnée au bas de chaque numéro ou journal. (Nouveaux murmures à droite.)

1822. 11 janvier.

M. de Chauvelin. Voici la circulaire que la censure a adressée tout récemment aux journalistes de Paris :

« La commission a l'honneur d'inviter les rédacteurs de journaux à ne lui envoyer aucun article de discussion sur le projet de loi relatif à la police des journaux... » (Les plus violens murmures éclatent à gauche)... Actuellement, Messieurs, vantez-vous donc d'avoir un Gouvernement représentatif, quand vous voyez de pareilles notes de la censure ! (Murmures à droite.) Oui, vantez-vous-en ! la circulaire se termine ainsi : « La commission a dû refuser tous les articles qui lui ont été déjà proposés depuis le 6 de ce mois. »

1822. 11 janvier.

M. B.-Constant : « Dans aucun temps il ne serait plus

dangereux d'encourager des principes contraires à la liberté de la presse et à la loi fondamentale... Jamais dans aucun temps la censure n'a été plus vexatoire et plus scandaleuse qu'aujourd'hui. Depuis trois jours il y a des journaux tels qu'on n'en avait pas lus depuis 1793. » (Mouvement à droite.) Je puis citer un journal qui dit : « Si l'insurrection est le plus saint des devoirs, c'est contre les partisans des opinions libérales ; il faut disposer leurs tréteaux... »

CHAMBRE.

§ Ier.

DROITS DE LA CHAMBRE.

1816. 28 novembre.

M. Castel Bajac (sur une pétition). Le renvoi est une marque de confiance donnée à la commission ; mais cette confiance n'est pas une raison pour que la Chambre ne prenne pas connaissance des pétitions elle-même, quand elle le juge à propos... » (Des murmures s'élèvent.)

1817. 8 janvier.

M. de Villèle : « Je pense que la Chambre des députés a été créée pour faire connaître avec liberté, avec indépendance, le vœu et les besoins de la nation, pour voter librement l'impôt, pour concourir à la confection des lois ; et cette liberté, cette indépendance est dans l'intérêt du Roi lui-même, et le premier de ces intérêts. En 1815 (1), je suis convaincu que l'événement qui est arrivé a été dû à ce que le Roi n'a pas été assez éclairé sur le vœu de la Chambre,

(1) Voyez Utilité de l'histoire.

à ce que la Chambre n'a pas assez pu faire connaître l'état des choses... » (Des murmures interrompent, on demande de nouveau la question préalable.)

---

§ II.

DROITS DU PRÉSIDENT.

1816. 24 avril.

M. Roy : « Je n'ai point encore parlé ; comment pouvez-vous savoir si je suis ou si je ne suis pas dans la question ? »

M. le président : « Laissez parler l'orateur ; vous l'interrompez, sans l'avoir seulement entendu. » (Murmures.)

Une voix : « La discussion est fermée. »

1820. 17 avril.

M. de Chauvelin : « Je demande la parole sur la position de la question... »

M. de Puymaurin à *M. de Chauvelin, qui paraît à la tribune* : « Vous n'avez pas la parole. »

M. de Chauvelin : « M. de Puymarin, ce n'est pas à vous que je l'ai demandée. »

Une foule de voix à gauche, en riant : « La parole à M. de Puymaurin ! la parole à M. de Puymaurin ! »

1820. 2 juin.

M. Manuel réclame la parole... (*Voix à droite*) : « Vous avez parlé trois fois)... J'ai demandé la parole contre la clôture... »

M. Cornet d'Incourt : « Le réglement interdit de parler trois fois sur une question... »

M. Manuel : « Probablement si M. le président se fût

crû lié par le réglement, il ne m'aurait pas accordé la parole. »

M. le président : « J'ai accordé la parole qui m'a été demandée uniquement contre la clôture. »

1820. 3 juin.

M. Manuel reprend la parole. Quelques *Voix à droite* : « Que voulez-vous ? »

M. Manuel : « Je ne demande qu'une chose, c'est qu'on veuille bien m'entendre et qu'on vienne ensuite monter à la tribune pour me réfuter. »

1822. 14 janvier.

M. Casimir Perrier, toujours à la tribune et se tournant vers M. le président : « Je demande la parole contre M. le président, parce que vous discutez et que vous ne présidez pas... » (Murmures violens à droite, on crie : *à l'ordre.*)

M. le président : « Vous avez la parole contre le président... » (Une vive opposition se manifeste à droite.)

M. Casimir Perrier descend de la tribune.

1823. 15 février.

M. de Girardin : « C'est au président à faire la police de la Chambre ; ce ne sont pas vos murmures qui m'imposeront silence. » (On rit à droite.)

1828. 15 février.

M. de Chauvelin : « Je demande la parole pour un rappel au réglement. (Non ! non ! laissez parler ! à la question !) Messieurs, vous avez toujours accordé la priorité... » (*Voix à droite* : Vous n'avez pas la parole...)

M. de Chauvelin ne pouvant obtenir la parole se retire.

§ III.

OBSERVATION DU RÉGLEMENT.

1815. 26 octobre.

M. Duplessis-Grenedan : « J'aurais une autre observation à faire sur le procès-verbal. L'assemblée juge-t-elle convenable de constater ses propres fautes en y laissant rappeler les applaudissemens qu'elle a fait éclater malgré la disposition réglementaire qui lui interdit toute marque d'approbation. » (Il s'élève quelques murmures.)

M. le président : « L'observation de M. Duplessis n'étant pas appuyée, je ne ne dois point la mettre aux voix. » (1)

1820. 5 juin.

M. Lafitte : « Voici la lettre qui m'a été adressée par le père du jeune homme qui a été assassiné hier : elle prouvera à quel point les journaux ont rendu un compte infidèle du malheureux évènement qu'il retrace, et qu'elle opinion abusive ils peuvent transmettre aux départemens. »

« Hier mon fils (Lallemand) a été frappé à mort; aujourd'hui il est diffamé par le *Drapeau-Blanc*, la *Quotidienne* et le *Journal des Débats*. Je dois repousser le fait qui lui est imputé. Il n'a point tenté de désarmer un soldat ; il marchait sans armes ; il a été frappé par derrière, l'instruction le prouvera. »

Messieurs, cette lettre a été présentée à la censure, elle a été refusée. (Violens murmures.) Des citoyens de Paris fort recommandables m'ont adressé une pétition, que je vais déposer sur le bureau : elle certifie les faits énoncés dans

(1) *V.* la page suivante.

la lettre de M. Lallemand. Je vais en donner lecture à la Chambre... (*Voix à droite* et *au centre:* Non, non, cela est contraire au réglement.)

1828. 8 février.

M. Dupin aîné : « Le vœu de la France est moralité, bonne foi, honneur français ramené dans les affaires. » (Applaudissemens à gauche. *Plusieurs voix:* Les applaudissemens sont interdits. Mouvement dans l'assemblée. Le silence se rétablit.)

CHARTE.

---

§ I.

LA CHARTE EN CONTACT AVEC LE ROI.

1815. 28 octobre.

M. le président donne lecture de l'article 5, qui déclare séditieux tous les cris par lesquels on aura excité à désobéir à la Charte constitutionnelle et au Roi.

Plusieurs membres: Au lieu de ces mots *à la Charte* et *au Roi*, il faut dire : *au Roi* et *à la Charte*.

(La Chambre ordonne cette interversion à l'unanimité.)

1820. 18 juin.

M. le général Foy : « Une loi était discutée dans cette chambre sur les élections. Des jeunes gens voués aux études qui conduisent aux professions libérales, ont cru à tort ou à raison que l'ordre constitutionnel et par conséquent leur existence à venir était compromis. Ils se sont rassemblés nombreux. (*Murmures à droite.* — Ce n'est pas là la discussion.) M. le ministre de la guerre m'a mis sur ce terrain, c'est mon droit de parler, c'est votre devoir de m'entendre. — (*M. Castel Bajac.* Notre devoir se borne à écouter sur la question.) La question est de répondre à M. le ministre de la guerre. Ces jeunes gens sont arrivés nombreux, tumultueux peut-être, mais sans armes, inoffensifs, et criant : *Vive le Roi! vive la Charte!* (*Plusieurs voix à droite.* Ils ne criaient pas *vive le Roi!*) Ils criaient *vive le Roi! vive la Charte!*

D'autres jeunes gens sont arrivés, moins nombreux, mais armés de bâtons, disciplinés, et paraissant avoir concerté un plan d'attaque. Ceux-ci ont outragé des députés au moment où ils sortaient de cette chambre; ceux-ci ont frappé des citoyens; ceux-ci criaient seulement *vive le Roi!* Assurément c'est un cri honorable et glorieux, mais en le séparant de celui de *vive la Charte!* ils ont donné le dangereux exemple de séparer la loi fondamentale, sur laquelle reposent toutes les espérances, du nom révéré de son auguste auteur. (*A gauche.* Bien, bien! bravo!.. *A droite.* Rentrez dans la question, à la question.) Je suis dans la question et je m'y tiendrai. » (1)

1822. 28 mars.

M. le général Foy : « La jeunesse est dévouée à l'étude et au gouvernement du pays, tel qu'il est déterminé par la Charte. (*Grand nombre de voix à droite :* Elle est dévouée au Roi... *Autre voix à gauche :* Elle est dévouée à la Charte et par conséquent au Roi!) Elle est dévouée à la Monarchie constitutionnelle. (*Les mêmes voix à droite :* Au Roi! au Roi! *Plusieurs membres à gauche :* Est-ce que le Roi n'est pas dans la Monarchie constitutionnelle? *M. de Lameth :* M. le président rappelez les interrupteurs

(1) *V.* Utilité de la Clôture.

à l'ordre !) Je dis à la Monarchie constitutionnelle... (*Voix nombreuses à droite :* Au Roi ! dites au Roi !..)

M. le président : « J'invite messieurs les députés à garder le silence... » (*Voix à gauche :* Ils ne veulent plus de Monarchie constitutionnelle.)

---

§ II.

LA CHARTE INVOQUÉE DANS L'INTÉRÊT DU PAYS.

1819. 13 février.

M. de Villèle : « Je réclame la conservation de nos institutions, parce qu'elles sont protectrices de tous les intérêts, et que mon devoir est de les défendre ; parce qu'elles sont particulièrement protectrices des opprimés et que je crains de le devenir ; parce qu'elles garantissent des droits égaux à tous les Français, et que je suis forcé de craindre de voir tenter d'en réduire une partie au rôle dangereux autant que pénible d'ilotes politiques dans leur propre patrie. » (*Vive agitation.*)

---

§ III.

LOI CONSTITUTIVE.

1822. 11 janvier.

M. B. Constant : « Comme tous nos pouvoirs en France émanent de la Charte. (*Voix à droite :* Non ! ils émanent du Roi... *M. Josse de Beauvoir :* Ce n'est pas la Charte qui a donné le Roi, mais le Roi lui-même qui a octroyé la Charte.) Tous les pouvoirs ne sont légitimes que par la Charte. (Même mouvement. *M. de Vogué :* Non, par le pouvoir du Roi... *M. Benoît:* La Charte n'est légitime que parce que le Roi l'a donnée.) (1)

---

§ IV.

MODIFICATIONS.

Si Louis XVIII reconnait, dans le préambule de l'ordonnance du 8 septembre 1816, « qu'à côté de l'avantage d'améliorer se trouve le « danger d'innover. » Il déclare, dans le préambule de la CHARTE, « qu'il a dû, à l'exemple des rois ses prédécesseurs, apprécier les rap- « ports nouveaux introduits dans la société, la direction imprimée aux « esprits depuis un demi-siècle. » Sa pensée ne peut donc être douteuse : il a vu l'abus près de l'usage, mais sans vouloir tous deux les proscrire. On serait tenté de croire qu'il n'a pas été compris par le *côté droit*, si l'on ne savait déjà combien le *côté droit* met de souplesse dans ses interprétations. S'agit-il d'une disposition dont le développement doit servir les intérêts populaires? il ne souffre point qu'on porte sur la CHARTE une main imprudente. Ce développement doit-il, au contraire, servir ses intérêts? la CHARTE alors n'est plus une objection.

1821. 12 février.

M. Manuel : « Vous avez voté des modifications à la Charte et nous nous y sommes constamment opposés; qui de nous étaient révolutionnaires? qui de nous cherchaient à exciter des désordres? » (2) (Murmures à droite.)

(1) « Nous avons reconnu que le vœu de nos sujets pour une Charte « constitutionnelle était l'expression d'un besoin réel. » (Préambule de la Charte.)

(2) J'aurais pu rapporter ici les diverses circonstances dans lesquelles le *côté droit* a protesté contre les modifications proposées par ses adversaires sur l'*âge des députés*, le *cens électoral*, etc. C'eût été grossir inutilement cette brochure. On vient de voir comment le *côté droit* s'irrite du reproche de n'avoir voulu modifier la Charte qu'à son profit. Le *double vote*, la *censure*, et l'ajournement indéfini d'une loi sur la *responsabilité* des ministres, ont prouvé combien il était de bonne foi.

CLOTURE (UTILITÉ DE LA).

(V. DISCUSSION.)

1822. 28 février.

M. le géneral Foy : « C'est un événement tout particulier que le goût qui se développe depuis quelque temps pour l'éloquence de la clôture et les jouissances du rappel à l'ordre...» (On rit de toutes parts.)

§ I.

ARBITRAIRE MINISTÉRIEL.

(V. LIBERTÉ DES ÉLECTIONS.)

1822. 28 février.

Le sieur Poubelle, ancien principal clerc de notaire à Paris, se plaignait à la chambre du refus qu'on lui avait fait de le présenter à la nomination du roi.

M. Chauvelin: « Non content d'avoir envahi toutes les les fonctions publiques, tous les états de la société seront la proie de la minorité de la France ; tous seront à sa disposition... (*M. le général Demarçay :* C'est vrai ! ils veulent faire un monopole pour eux et pour leurs amis... Murmures à droite.) Et c'est sur une pareille question, Messieurs, que vous voulez fermer la discussion. Prenez-y garde, l'attention de la France sera suffisamment éveillée par nos réclamations. Je demande que la discussion continue. » (La clôture est mise aux voix et adoptée.)

1822. 30 juillet.

Sur la pétition du capitaine Lafontaine, rayé du tableau

de l'armée pour le rôle qu'il avait joué dans les élections de Dijon.

M. Manuel : « Les assertions que je combats sont démenties par l'absence du procès-verbal, par l'absence de toute formalité. (*Des voix à droite :* La clôture! la clôture!) En supposant même que les faits allégués fussent possibles, encore faudrait-il des preuves; et puisqu'ils ont été taxés de calomnies, si vous savez vous respecter..... » (*Grand nombre de voix à droite :* Gardez vos leçons pour vous! La clôture! la clôture!)

« Messieurs, voilà dans quelles circonstances la clôture est demandée; je vous laisse à juger vous-même si vous aurez fait ce que vous devez, si vous fermez la discussion sans qu'on ait prouvé au ministre que dans ce moment même il vient de calomnier la ville de Dijon, plus gravement encore qu'il n'avait fait hier. » (*Plusieurs voix à droite :* Les calomniateurs ne sont pas sur le banc des ministres!... La clôture! la clôture!)

M. le président met aux voix la clôture; elle est adoptée.

---

§ II.

EXISTENCE DU GOUVERNEMENT REPRÉSENTATIF.

(*V.* Causes d'hilarité.)

1819. 15 mars.

M. Benjamin Constant: « Vous vous rappelez qu'en 1816, et c'est un fait qui n'a pas été contredit par le ministère, on a ouvert la porte des prisons à des électeurs qui étaient détenus. Cette disposition était dans la tendance du ministère, car s'ils eussent été en prison, ils n'eussent pas voté dans le sens où le ministère désirait alors qu'on votât. (Vive sensation à droite.) Aujourd'hui la tendance est toute autre ; ce n'est plus dans le même sens que le ministère désire influencer les suffrages, et vous lui mettez une arme dangereuse dans les mains, car il peut prendre une mesure toute opposée, et faire arrêter ou les électeurs ou les éligibles qui lui déplairont? et dès lors, je le demande, que deviendra le Gouvernement représentatif? » (Des murmures interrompent.)

---

§ III.

RÉPONSE AUX DISCOURS DES MINISTRES.

1822. 11 janvier.

M. de Chauvelin : « Je demande la parole contre la clôture... Mais, Messieurs, il m'est impossible de parler sans indiquer les principaux points de la discussion... (Les cris recommencent de la droite.) Messieurs, ce sont quatre mots..... Je demande à répondre à M. le ministre des finances... (Nouvelle interruption.) Le ministre n'a pas craint de vous dire qu'il n'y avait pas d'observation à faire... » (Les cris : *La clôture! la clôture!* recommencent avec plus de force.)

---

§ IV.

DÉFENSE DES DROITS DE LA VIEILLE ARMÉE.

1822. 17 juillet.

M. le général Foy : « Je demande la parole contre la clôture... Je n'ai qu'un mot à dire, mais je le dois à mes braves camarades... (*A droite* : La clôture!) Messieurs, il faut que vous entendiez un fait. Après le 20 mars, plusieurs officiers-généraux, donataires en vertu de ce traité, (celui de Fontainebleau du 11 avril 1814), et notamment le général Drouot, étaient à Paris. Napoléon voulut exécuter le traité, et leur acquitter les stipulations; ils ont refusé... (*Voix à droite :* Ils ont bien fait et sans doute ils ne le demandent pas de nouveau.) Ils ont dit : la France a de grands besoins; elle est envahie par l'étranger..... (*Voix à droite :* Qui l'avait amené?...) Ils l'ont refusé pour le moment; mais le titre existe, il est de toute légitimité ; il est irrécusable... » (Les murmures de la droite couvrent la voix de l'orateur; les cris la clôture se renouvellent. M. Foy descend de la tribune.)

---

§ V.

MASSACRES POLITIQUES.

1820. 5 juin.

M. Casimir Perrier : « Je n'accuse pas la force publique, mais elle a été dirigée de telle manière, que ceux qui frappaient, qui assommaient les jeunes gens, n'ont point été arrêtés, et qu'on a arrêté au contraire ceux qui tombaient sous les coups, parce qu'ils criaient *vive la Charte !...* » (*Voix à droite :* La clôture !)

1820. 6 juin.

M. Alexandre Lameth : « Je demande à répondre à M. le garde-des-sceaux. » (Les cris recommencent.)

M. le président : « M. Manuel annonce qu'il demande à parler contre la clôture. » (*Voix à droite :* En ce cas qu'il ne parle que contre la clôture.) (1)

M. Manuel : « Oui je parle contre la clôture, et je dis que

(1) *V.* Droits du Président.

la Chambre toute entière pensera qu'on ne peut pas laisser calomnier toute une nation sans permettre d'y répondre. » (Violens murmures à droite. *MM. Maccarthy et Castel Bajac* : Il ne s'agit pas de la nation, Monsieur, il s'agit de quelques séditieux... *A gauche :* Maintenez la parole à l'orateur.)

« M. le garde-des-sceaux a prétendu qu'il était loin d'avoir mérité le reproche de partialité qui lui a été adressée... » (On s'écrie de nouveau à droite et au centre: *La clôture! la clôture!*)

1820. 10 juin.

M. Benjamin Constant lit une lettre : « Hier au soir... les cuirassiers de la garde royale sont arrivés; ils ont sabré des hommes, des femmes et des enfans. Les chefs animaient leurs cavaliers; ils criaient : *tue, tue...* » (Un mouvement d'indignation éclate à droite... *C'est faux! c'est faux!...*)

(Le tumulte est à son comble; les cris : *A l'ordre, à l'ordre*, se font entendre.)

M. le président : « L'orateur ne peut être rappelé à l'ordre; ce n'est pas lui qui parle, c'est une lettre qu'il lit... »

(*Voix à droite :* Il n'a pas le droit de lire ici une lettre particulière.)(1)

M. Manuel : « Voulez-vous dire qu'il y a eu des hommes tués et blessés sans ordre, des personnes frappées à mort; il y a donc quelqu'un qui a dit : Tue! tue!... » (La plus vive agitation se répand dans la chambre... *Une voix générale s'élève :* Mais fermez donc cette discussion.)

(1) *V.* Droits du Président.

CONSEIL D'ÉTAT.

1819. 27 mai.

M. Manuel: « Dans les précédentes sessions, un vœu très général s'est manifesté pour demander une loi qui organisât le conseil d'état... (*Plusieurs voix :* Ce n'est pas là la question.) Messieurs, chacun a sa manière de commencer; j'ignorais qu'il y eût une formule absolue... Je demande la suppression de 256,000 francs proposés pour les ministres d'état. »

CORPORATIONS RELIGIEUSES.

1822. 20 juillet.

M. Manuel : « Vous dites que le conseil d'état a rendu des services, mais n'avez-vous pas suivi la nomenclature des actes qu'on lui a reprochés? Est-ce rendre un service à l'état que de créer un nombre infini de corporations religieuses, au mépris des lois qui les ont défendues? » (Murmures à droite.)

DÉPUTÉS. (1)

1828. 10 mai.

M. le général Mathieu Dumas: « Comme on s'est appuyé de l'exemple des élections de Paris pour motiver la plus étrange proposition que puisse entendre une assemblée de représentans de la nation. » (Des murmures s'élèvent à droite. *M. de Puymaurin :* Nous ne sommes pas en 93!) (2)

(1) *V.* Supplément à la fin au même mot.

(2) Ainsi, et de l'aveu du côté droit, les députés ne sont plus les représentans du pays.

DISCUSSIONS (LIBERTÉ DES)

Après la publicité des discussions, dont le but est d'apprendre au pays comment ses intérêts sont défendus, le premier besoin des députés est la liberté des moyens qu'ils doivent employer pour faire prévaloir leur opinion. Nul n'a le droit, sous prétexte qu'il est assez éclairé, de s'opposer à l'audition d'un orateur à qui le *président* n'a pas refusé la parole, et que la *chambre* écoutait sans fatigue; nul surtout ne peut l'interrompre par un rappel à l'ordre sans lui laisser développer l'opinion contre laquelle il s'élève. Ces principes ont été reconnus par toutes les assemblées délibérantes. On va voir ce qu'ils ont été pour le *côté droit.*

1816. 18 mars.

M. de Saint-Aulaire, qui avait été interrompu plusieurs fois par des murmures : « Messieurs, bonne guerre entre nous. (Nouveaux murmures.) Attaquez-nous par de bonnes raisons, mais ne nous écrasez pas par la supériorité du nombre... » (Interruption. *A l'ordre! à l'ordre!*)

1816. 22 avril.

M. de Serre prétendait que la liberté des discussions avait été souvent violée. La Chambre, consultée, décide que l'orateur sera rappelé à l'ordre.

1816. 22 avril.

M. Roy : « Il est impossible, Messieurs, qu'il n'y ait ici de liberté de parler que pour ceux qui interrompent. (On rit.) Les faits sur lesquels j'établis mon opinion sont positifs, et il est plus facile de m'interrompre que de me répondre. » (Les murmures se prolongent.)

1820. 25 mars.

M. de Chauvelin : « Quant à la quatrième question que

j'avais à adresser aux ministres... (Des murmures s'élèvent; un membre de la droite interrompt.) J'allais vous faire le plaisir de dire que c'était la dernière... (On rit beaucoup.) Cette question vous intéresse vous-mêmes; car elle intéresse les membres de la Chambre des députés, la nation entière. Comment les discours des députés seront-ils publiés? Seront-ils soumis dans les journaux à la censure?»

1822. 20 mars.

M. de Girardin : « Permettez-moi de vous dire que la clôture est un cri insupportable...» (Rire à droite. *Plusieurs voix :* Sans doute, pour les gens qui ne veulent pas en finir...)

1828. 15 mars.

M. Dupin aîné : « Si l'on venait ici soutenir que l'élection de M. Dufougeray est valable, qu'il n'y a pas eu de fraudes, je verrais là un combat véritable. (*M. de la Boulaye :* C'est ce que je veux prouver); vous le ferez après moi. Mais en présence d'une fraude évidente, d'une fraude sentie par tout le monde... (*Voix à droite :* Non, non. — *M. le président :* Il appartient à l'orateur d'exprimer son opinion, il ne doit pas être interrompu.) D'une fraude évidente à mes yeux. (*Voix à droite :* A la bonne heure.) Si mon opinion n'est pas partagée par toute la Chambre, elle le sera, du moins je l'espère, par la majorité.» (*M. le président :* Parlez à la Chambre.... ne répondez pas aux interpellations.)

---

§ I.

CONVENANCES DE POSITION.

1822. 27 mars.

M. le général Foy : « Je dois dire qu'au Jardin des Plantes des jeunes gens inoffensifs, qui assistaient paisiblement à un cours, ont été, en sortant de ce cours, assaillis par la gendarmerie. (Murmures à droite. *Grand nombre de voix à gauche :* C'est vrai.) J'invite M. Cuvier à me contredire s'il le peut. . »

M. Cuvier : « Nous connaissons trop la loyauté de l'honorable général qui descend de cette tribune. » (Murmures à droite.)

1822. 23 juillet.

M. le général Foy : « Mon honorable ami M. de La Fayette. (*Voix à droite :* Ah ! ah ! le bel honneur.) Oui, Messieurs, je m'honore d'être l'ami de celui que Washington appelait son ami. » (Nouveau mouvement à droite. *M. le président* : Je vous prie de garder le silence. M. Foy a la parole contre la clôture.)

1829. 7 mai,

M. Benjamin Constant : « J'ai eu l'honneur d'être envoyé auprès des souverains alliés et je déclare que jamais nous n'avons demandé qu'une chose : ce qu'on voulait à la France, et jusqu'à quel point on voulait opprimer son indépendance.... J'atteste un homme qui, de quelque manière qu'on juge ses opinions, mérite et obtient la vénération de tous les hommes honnêtes dans les deux mondes; j'atteste le *général La Fayette.* (Rumeurs à droite.) L'homme qui a défendu le trône au 10 août. (Oh ! oh !) L'homme qui, après le 20 juin, est venu à la barre de l'assemblée législative défendre les droits de la royauté constitutionnelle ; l'homme qui a bravé tous les dangers, qui a été plongé dans les cachots pour avoir soutenu cette royauté comprimée par les hommes qui se prétendent ses amis et qui causèrent ses malheurs... »

1829. 5 juin.

M. Agier : « Notre honorable collégue M. Bérenger, nous a présenté, sur le ministère de la justice, d'excellentes vues ; et aucun de ceux qui le connaissent n'a été étonné de voir exprimer de si nobles sentimens par celui qui, si jeune encore, a été un magistrat si distingué. (Murmures à droite.) Oui, Messieurs, notre collègue, M. Bérenger, bien jeune encore, a été un magistrat très distingué. » (Nouveaux murmures à droite.)

1820. 15 avril.

L'ordre du jour était la continuation de la discussion sur le projet de loi relatif aux comptes.

M. Manuel n'avait point encore parlé de toute la séance.

M. Manuel : « Je demande la parole... » (Voix au centre et à droite : Ah ! c'est trop fort ; et que voulez-vous dire encore ?.. *La clôture ! la clôture !..* M. Manuel insiste et s'avance vers la tribune... Les cris redoublent.)

M. le président Ravez à M. Manuel : « On insiste pour la clôture, je ne puis me dispenser de la mettre aux voix. »

M. Manuel : « Je demande la parole contre la clôture. » (Voix à droite : Nous y voilà.)

M. Manuel : « Avons-nous pu saisir et apprécier ces calculs au moment seulement où M. le ministre les présente à la tribune dans une improvisation rapide ? Ne faut-il pas que nous les ayons sous les yeux pour les comparer avec les nôtres, et ceux présentés par nos honorables amis !.. » (Des murmures interrompent au centre : *Aux voix, la clôture! aux voix* (1).)

M. le président : « M. Manuel a obtenu la parole contre la clôture, je dois la lui maintenir tant qu'il ne parlera que contre la clôture.

M. Manuel... « Les interruptions ne sont point des argumens; les murmures et les cris aux voix ne sont point des réponses... » (De nouveaux murmures s'élèvent.)

Une foule de voix à droite : « Parlez donc sur la clôture. »

M. Benoît : « Si l'orateur parle contre la clôture il doit être entendu, sinon M. le président ne peut lui maintenir la parole (2).

M. le président : « M. Manuel parle contre la clôture, j'invite à ne point interrompre; il doit être écouté en silence... » (Le silence se rétablit.)

M. Manuel... : « Nous établissions que les emprunts avaient été très onéreux; les calculs de M. le ministre tendent à démentir cette assertion. Vous voyez bien, Messieurs, que la chose vaut la peine d'être examinée, dans l'intérêt même du gouvernement; il y va de l'intérêt du ministre qu'on puisse avoir le temps de vérifier ses calculs, puisqu'il les offre lui-même. Or, ce n'est pas sur un simple énoncé, et à cinq heures et un quart, que la Chambre peut se livrer à cette vérification. Il y aurait ce me semble peu de générosité à refuser l'ajournement à demain. »

(*Voix générale au centre et à droite :* Non, non, la clôture.)

(1) *V.* Utilité de la Clôture.

(2) *V.* Respect des Droits du Président.

M. le président : « On persiste pour la clôture, je la mets aux voix... »

(La Chambre ferme la discussion à une très grande majorité (1).

M. le président donne lecture de l'article 8 du projet devenu le 6e.

Art. 8. « Les recettes de toute nature de ce même exercice (1818), sont arrêtées au 1er septembre 1817, à la somme totale de 1,416,833,736 francs, conformément à l'état B., annexé à la présente, au moyen d'un prélèvement de 36,999,325 fr., sur les ressources de l'exercice 1819. »

M. Perreau de la Vendée : « Je demande la parole sur l'article. » (Des murmures s'élèvent.)

M. de Chauvelin : « L'article n'a pas été discuté. »

M. le président : « Vous avez la parole. »

M. Perreau : « Messieurs, j'ai des calculs étendus à présenter, et de *nombreuses erreurs* à rectifier dans les comptes que cet article a pour objet de régler ; je demande la remise à demain, il est très tard... » (*Voix générale au centre et à droite :* Non, non; parlez, parlez... (2).

M. Perreau poursuit, et exprime le regret de n'avoir pas obtenu de la Chambre le temps nécessaire, pour lui présenter, avec plus de développement, les erreurs qu'il déclare avoir signalées dans les comptes que l'article 8 a pour objet d'approuver... L'article 8 est mis aux voix et adopté.

On présente à la Chambre un projet de loi qui remplace celui du 15 février relatif à un nouveau mode d'élection.

M. le président : « La Chambre donne acte à MM. les

(1) *V.* Utilité de la Clôture.

(2) *V.* Désir de s'éclairer.

Ministres du Roi... » M. Girardin réclame la parole... (Vif mouvement à droite... Il n'y a pas de parole à prendre.)

M. le président : « Je ne puis accorder la parole... La Chambre donne acte à MM. les Ministres du Roi... » M. Girardin insiste et monte à la tribune... » (L'opposition de la droite et du centre se renouvelle avec une force extrême... MM. *Maccarthy* et *Castel Bajac :* Non! non! vous ne parlerez pas, vous n'en avez pas le droit... L'agitation se renouvelle et devient extrême... *Quelques membres à droite :* Couvrez-vous, M. le président, couvrez-vous...

MM. Manuel, B.-Constant, Chauvelin, Dupont de l'Eure, Demarçai, Foi, et *un grand nombre d'autres* : « Il n'y a jamais eu d'exemple de ce qui se passe... On n'a jamais retiré un projet livré à l'examen d'une commission... »

M. le président : « La Chambre donne-t-elle acte de la présentation du projet de la loi... » (*Voix générale au centre et à droite* : Oui, oui, sans doute...)

M. Girardin insiste de nouveau... La même opposition l'empêche d'être entendu.

M. le président : « Je mets aux voix la question : la Chambre veut-elle donner acte de la présentation ?... »

M. Girardin et *une foule de membres de gauche* : « C'est là-dessus que la discussion doit s'ouvrir... » *M. Demarçai* : « Il faut discuter avant de délibérer. »

M. le président : « Je mets la question aux voix : que ceux qui veulent que l'acte de présentation soit donné se lèvent... » (La droite et les deux centres se lèvent... La gauche éclate en réclamations.)

M. Demarçai : « Si la Chambre a le droit de donner acte elle a donc le droit de le refuser et de délibérer sur la question... » (Très vive interruption à droite et au centre.)

§ II.

DESIR DE S'ÉCLAIRER.

1820. 10 juin.

M. B. Constant : « J'ai demandé la parole contre la clôture... (Non, non !) Vous devez entendre mes motifs. J'ai à entrer dans quelques développemens sur le degré d'influence d'un parti sur les événemens pour montrer que les désordres lui appartiennent. (*Voix à droite* : Le dehors ne nous regarde pas (1).) Si je faisais une proposition inconvenante ou inconstitutionnelle, vous pourriez vous élever contre moi ; mais, citoyen et député, je viens vous entretenir des causes de l'agitation extraordinaire qui se manifeste de plus en plus, vous ne pouvez dire que cela ne vous regarde pas.... Je demande à faire des observations sur ce qui vient d'être dit, et sur les faits qui ont eu lieu.... » (On demande à grands cris la clôture.)

M. Méchin. « J'ai des faits à faire entendre. »

M. le général Foy : « Les ministres du Roi doivent désirer eux-mêmes qu'on leur fasse connaître les faits... » (Le plus violent tumulte règne dans l'assemblée... Les cris : la clôture ! la clôture ! se font entendre.)

1820. 8 juillet.

M. Casimir Perrier avait déjà parlé contre la clôture.

M. le général Foy : « M. le ministre des affaires étrangères vient de parler d'un débat ouvert entre les ministres du Roi et des hommes que les ministres du Roi attaquent dans leurs discours, et il vous a dit que la France serait juge dans ce débat. Ah ! Messieurs, quel moyen la France aura-t-elle de faire connaître son opinion, d'exercer sa

(1) *V.* Droits de la Chambre.

justice, lorsque la liberté de la presse n'existe plus! lorsque la liberté individuelle est suspendue! (Les cris *la clôture*! se renouvellent. M. le président maintient la parole à M. le général Foy contre la clôture). Je demande, reprend l'orateur, si la France pourra manifester son opinion, si elle pourra exercer sa justice, alors que la liberté de la presse, la liberté individuelle n'existant plus, il ne restera pas même la liberté de cette tribune ; or, cette tribune n'est pas libre, puisque toutes les fois qu'une pensée libre veut en sortir, les cris *la clôture* viennent interrompre. Je demande que la discussion soit prolongée jusqu'à ce que la Chambre soit éclairée... » (De violens murmures interrompent... *Voix à droite* : Elle l'est! elle l'est!)

1822. 19 janvier.

M. de Martignac rapporteur, de la commission sur la police des journaux, avait dit : « Acquérons une opposition sévère, mais non pas hostile; une opposition qui ne mette pas tous les jours en péril l'existence de la monarchie. » Le côté gauche avait demandé le retranchement de cette phrase.

M. le président observe que le réglement ne permet pas de discuter un rapport le jour où il a été fait.

Plusieurs voix à gauche : « On ne discute pas... Nous demandons la parole. »

M. le président : « L'ordre du jour est la discussion du projet relatif à la répression des délits de la presse. M. de Corcelles a la parole... » (Très vives réclamations.)

Voix à gauche : « Non, non, le retranchement! »

M. de Morcelle à la tribune : « Messieurs... »

MM. B. Constant, Casimir Perrier, Lameth, Foy et plusieurs membres : « La suppression de l'injure... » (Une très vive agitation se répand dans l'assemblée.)

Voix à droite : « Laissez parler M. de Corcelles. »

1822. 23 février.

M. Caumartin venait de prononcer un discours sur les comptes.

Le côté gauche en demandait l'impression.

Le côté droit s'y refusait.

M. Girardin demande la parole sur l'impression. (Agitation à droite.)

Plusieurs viox : « Non, non! pas d'impression! »

M. de Girardin à la tribune: « Il me paraît qu'il y a beaucoup d'opposition. (*Voix à droite* : Oui, oui!.) C'est sans doute parce que le discours de mon honorable collègue contient de bonnes vérités. (Violens murmures à droite.) Au reste, vous n'atteindrez pas votre but en refusant l'impression. Votre opposition sera comme celle de la censure; elle donnera le désir de connaître le discours. Messieurs, on conçoit difficilement comment, lorsqu'un des plus grands manufacturiers de France vous a entretenus de matières qu'il entend très bien, vous refusez... (*Plusieurs voix à droite* : Nous n'en voulons pas!) Vous n'en voulez pas; eh bien, nous en voulons, nous! Nous tenons à un discours aussi remarquable que celui qui vient d'être prononcé. (Vive agitation à droite. *Plusieurs membres* : Si vous y tenez, lisez-le! nous n'en voulons pas!... (1). Il ne sera pas imprimé!) Si vous refusez de voter l'impression, la bonté du discours sera constatée par votre refus même. » (*Les mêmes membres à droite* : Tant mieux, tant mieux! il ne sera pas imprimé.)

Plusieurs membres tentent inutilement de se faire entendre.

M. B. Constant, en descendant de la tribune : « Vous montrez ce qu'est la majorité. » (On rit à droite. La chambre décide que le discours ne sera pas imprimé.)

(1) *V.* Dignité parlementaire.

§ III.

DIGNITÉ PARLEMENTAIRE.

1821. 7 juillet.

M. le président: «Monsieur Donnadieu, vous étiez inscrit pour parler dans la discussion générale... (*M. Donnadieu*: Oui.) Votre tour n'est pas arrivé... (*M. Donnadieu* : Non.) Actuellement vous voulez, à propos d'un amendement, placer ici votre discours sur la question générale.... » (*M. Donnadieu* : C'est vrai.)... On rit aux éclats dans toutes les parties de la salle... *Un grand nombre de voix:* A la bonne heure; au moins cela est franc. — M. Donnadieu descend de la tribune en riant.

1822. 16 janvier.

M. Manuel: « Je demande la parole contre la clôture... » (La même opposition se manifeste... M. Manuel se retourne vers M. le président.)

M. le président : « Je ne vous refuse pas la parole, mais je ne puis vous l'accorder sur le fonds, puisqu'on insiste pour la clôture...

(*Voix à gauche* : Parlez sur le fonds... *Cri général à droite* et *au centre :* Non, non.)

M. Manuel : « Eh bien! Messieurs, je vais proposer un sous-amendement... Me permettrez-vous de le développer?... (On rit beaucoup à droite, et de longs murmures succèdent... *Plusieurs voix:* C'est comme l'autre jour... Allons, il est décidé qu'il parlera.... *M. Cayrol :* On n'est probablement pas forcé de l'écouter.... *D'autres*, eh bien! votre sous-amendement... *D'autres*, il n'en a pas.... Ce n'est qu'un moyen de parler. *M. Reveillère*, *M. Cayrol et une foule d'autres :* Eh bien ! dites-nous donc votre sous-amendement.)

M. Manuel : « Je demande qu'il soit rendu compte du produit du sceau des titres, à l'exception du droit perçu pour les lettres de noblesse. » (Le silence se rétablit.)

1822. 16 janvier.

M. Manuel; « Messieurs, quand la Convention fit la loi du 10 vendémiaire (an IV), elle avait pour but de mettre fin aux désordres qui régnaient alors en France. (Murmures à droite. *Voix à gauche* : Ecoutez! écoutez!) et s'il est un fait incontestable que chaque Français peut apprécier, c'est que ce fut à l'aide de cette loi que les désordres cessèrent en France. (Nouveaux murmures à droite.) C'est par cette loi qu'on parvint à arrêter les arrestations des diligences sur les grandes routes, et cette foule d'attentats que jusqu'alors rien ne pouvait prévenir... (De nouveaux murmures s'élèvent.) Ainsi, Messieurs, ne cherchons pas à faire de cette discussion une arène contre les pouvoirs qui existaient avant nous : reconnaissons que ce que ces pouvoirs ont fait, ils ont pu le faire...» (Murmures prolongés à droite.)

Plusieurs voix à gauche : « Laissez donc parler. »

Un membre à droite : « Quoi ! à la veille du 21 janvier... (1) ! »

Un autre membre à droite : « Non, non, *à bas !* »

Plusieurs membres à gauche : « Quelle indécence!... »

M. Benjamin Constant : « A l'ordre ! »

Voix nombreuses à gauche: « A l'ordre ! à l'ordre ! Rappelez donc à l'ordre ! »

M. le président: « Je ne puis que blâmer le membre

(1) *V.* Ruses de Guerre.

qui s'est permis de crier *à bas!* je ne puis néanmoins rappeler à l'ordre une personne dont je ne sais pas le nom. »

Les mêmes voix à gauche : « Demandez-le. »

M. le président : « Est-il en mon pouvoir d'interroger pour savoir celui qui a proféré ces paroles? »

1822. 20 mars,

M. le général Semelé: « Monsieur le président, je demande à n'être pas admis à voter s'il n'y a pas de discussion!.... »

(Rires à droite. *Plusieurs voix*: Accordé!)

1823. 26 février.

M. Manuel : « Comment M. le ministre des affaires étrangères pourrait-il savoir assez peu de diplomatie.... (On murmure à droite. *Des voix à droite* : Vous ne savez guère les convenances, vous.) Je prie la chambre de me laisser finir mes phrases...(1). Comment M. le ministre des affaires étrangères pourrait-il, dans un poste aussi élevé, savoir assez peu de diplomatie pour ignorer qu'à l'époque qu'il a citée, c'était la France qui avait déclaré la guerre à l'Angleterre, et non l'Angleterre à la France? »

1827. 16 mai.

M. Bignon : « Pour devenir ce quelle doit être, il ne faut à la France qu'un ministère qui sympathise avec elle, qui sache juger ses besoins, apprécier ses intérêts, marcher enfin avec le temps, avec la civilisation, avec les progrès de tous les arts appliqués à l'économie sociale. » (*Voix à droite* : Il n'y a qu'à vous y mettre... On rit.)

1827. 18 mai.

M. B. Constant : « Que le ministère ne sacrifie pas à une ambition étroite et sordide cette génération, notre espoir,

(1) *V.* Ruse de guerre.

cette jeunesse si noble et si pure qui nous remplacera, qui vaudra mieux que nous. » (*Voix à droite* : Oui, sans doute, elle vaudra mieux que vous.)

1829. 4 juin.

Voix à droite : « La clôture ! »

M. B. Constant : « Je demande la parole contre la clôture. »

M. le président : « Vous avez la parole : »

L'honorable membre monte à la tribune.

Voix à droite : « On ne demande pas la clôture. »

M. le président : « En ce cas M. Petou a la parole. » (On rit.)

1829. 23 juin.

M. le président : « M. de Corcelles demande une réduction de 18,000 fr.; il la motive par le traitement du secrétaire général. Je mets cette réduction aux voix. » (M. le président met aux voix cette réduction, au milieu du bruit et des exclamations confuses de la droite, qui ne prend point part à la délibération. Le côté gauche se lève contre la réduction.)

M. le président : « La réduction est rejetée. Messieurs, je continuerai... Je ne serai point vaincu par le bruit. (*Voix à gauche* : « Couvrez-vous. *M. le président* : Non ! non ! Je continuerai. (*Voix à gauche* : « C'est scandaleux !... Monsieur le président, couvrez-vous.) *M. le président* : Non, non, je continuerai la délibération. » (La chambre délibère dans un grand tumulte, causé par l'agitation de la droite, et les interpellations que quelques membres du centre droit ne cessent d'adresser à M. le président.)

§ IV.

IRONIE.

1821. 19 mai.

M. le général Foy : « La mémoire de M. le ministre des affaires étrangères l'a trompé ; mais nous en avons beaucoup, nous autres gens de l'opposition ; quand il s'agit de défendre les libertés nationales, elle ne nous manque jamais. » (On rit. *Voix à droite* : Nous vous en faisons bien notre compliment.)

1821. 18 juin.

M. B. Constant : « Je déclare que je suis bien aise de ne pas prendre part au vote de l'impression du discours que vous venez d'entendre (celui de M. Reveillière). Je ne crois pas qu'un discours destiné à traiter avec une espèce de malveillance toute notre génération nouvelle, si éclairée, si sage... (Murmures à droite... (1). *A gauche* : Oui, oui, c'est la vérité.) Je suis fâché que vous écoutiez avec tant de défaveur l'éloge d'une génération que, quoi que vous fassiez, vous n'empêcherez pas de nous remplacer. » (On rit beaucoup. *Voix à droite* : Ah ! pour celui-la c'est incontestable.)

1829. 4 mai.

M. Maréchal. « M. de Peyronnet ne comprit pas le devoir de sa position ; il ne vit que le lucre ; il puisa à pleines mains dans la caisse (2) pour sa propre famille. (Oh ! oh ! dénégation à droite. *A gauche* : Écoutez ! écoutez !)

(1) *V.* Jeunesse.

(2) La caisse du sceau des titres, dont le produit était destiné à réparer de grandes infortunes.

§ V.

PREUVE DE FRANCHISE.

1821. 9 juillet.

M. Cornet d'Incourt : « N'attend-on pas toujours que la session soit ouverte, que la majorité soit fixée, pour s'occuper de la rédaction des projets de loi? (*Voix diverses* : C'est vrai! c'est vrai!)... Si le temps venait à manquer... Eh bien! Messieurs, vous voteriez, s'il le fallait, des douzièmes provisoires de censure, comme vous votez des douzièmes provisoires d'impôts. » (Éclats de rire à gauche, mouvemens d'adhésion à droite.)

1822. 25 mars.

M. Manuel : « Il faudrait que le Gouvernement fît plus pour les contribuables et qu'il fît moins pour les moines (1); (murmures à droite.) il faudrait établir des écoles au lieu d'établir des congrégations : voilà ce que chacun se dit en France. (*Une voix à droite* : Non! On rit à gauche.) Une voix seule qui s'élève pour crier *non*, n'empêchera pas que ce que je dis soit la vérité. (*Plusieurs voix à droite* : Il n'y a point de congrégations!) Il y en a quatre cents en France. »

1822. 25 mars.

On discutait l'allocation des fonds demandés pour l'église Sainte-Geneviève.

M. Girardin ; « Je demanderai au ministère pourquoi l'autorité a cru pouvoir se permettre de faire effacer cette inscription si touchante et si noble ;

Aux grands hommes la patrie reconnaissante !

(1) *V.* Leligion.

(M. Marcellus interrompt... *M. Piet:* C'est pour substituer à l'inscription la dédicace *Deo optimo maximo*..., puisque le monument est redevenu une église...)

« La patrie aurait-elle cessé d'être reconnaissante envers les grands hommes qui ont contribué à son illustration et à sa gloire !... » (*Voix à droite* : Dites à sa perte.)

M. de Girardin : « Si les grands hommes contribuent à la perte de la patrie, M. Piet peut être tranquille, jamais il ne fera de tort à son pays... (M. Piet et toute la Chambre partent d'un éclat de rire...)

M. Marcellus : « C'est moi qui ai interrompu... »

M. de Girardin « : Eh bien! il y en a pour deux... » (On rit et l'on murmure.)

1825. 21 février.

M. Casimir Perrier demandait la rectification d'une expression de M. Duplessis Grenedan.

M. Duplesis Grenedan : « Voici la phrase de mon discours telle qu'elle se trouve dans le *Moniteur*: « La Charte « porte, art. 9 : Toutes les propriétés sont inviolables; elle « ne dit pas seront inviolables, car ce n'est pas une règle « nouvelle qu'elle établit pour l'avenir ; c'est un principe « éternel qu'elle énonce, et la première conséquence de « ce principe est que les propriétés des émigrés n'ont pu « être usurpées... »

M. Masimir Perrier. « Vous avez dit volé... on l'a entendu. (*Voix à l'extrême gauche :* Oui ! oui !)

M. Duplessis Grenedan. « Attendez... le mot volé n'est pas là... il est dans la phrase suivante... (On rit aux éclats.)

1826. 8 avril.

M. Bourdeau : Je ne suis, Messieurs, l'homme d'aucun

parti (mouvement à droite) ; je ne suis, Messieurs, l'homme d'aucun parti (*Voix à droite* : tant pis) ; mes opinions sont fixes, invariables ; je n'en ai jamais changé. Je ne viens pas ici relever le gant jeté par l'orateur auquel je succède (M. de Saint Chamans) ; le parti qu'il a accusé, trouvera dans sa faiblesse actuelle des moyens de justification ; les ministres de S. M. sont trop intéressés à maintenir l'ordre en France, pour souffrir qu'aucun parti, de quelque couleur qu'il soit, puisse s'emparer de la domination et dicter des lois qui ne conviendraient pas au pays et au souverain. » (*Voix à gauche* : Très bien.)

---

§ VI.

RAPPEL A L'ORDRE.

1821. 7 février.

M. le général Foy : « Il s'agit de la solde gagnée sur le champ de bataille par des militaires qui, par ordre du chef du Gouvernement, ont combattu avec nous à nos côtés. Les boulets anglais ne regardaient pas s'ils avaient la cocarde rouge ou la glorieuse cocarde tricolore. (Murmures à droite.) Oui, Messieurs, la glorieuse, à jamais glorieuse cocarde tricolore. » (Des cris violens s'élèvent à droite *: à l'ordre! à l'ordre!*)

M. Dudon : « La qualité de député ne suppose pas la connaissance de toutes les lois ; vous venez d'en avoir une preuve bien déplorable : on a qualifié de glorieux un signe qu'une loi de l'état proscrit et déclare séditieux... » (Mouvement très vif à droite. *M. de Marcellus :* Vive le drapeau blanc*! Un grand nombre de membres :* Vive le drapeau blanc!...)

M. *le général Foy* : « Le préopinant (M. Dudon) a dit que j'avais parlé de la cocarde tricolore, sans désignation. Il ne m'a pas entendu; je n'ai parlé de la cocarde tricolore que dans son époque historique, dans les temps écoulés depuis 89 jusqu'en 1814; parce que c'est alors que les pétitionnaires dont il est question combattaient dans les rangs des armées françaises; mais, Messieurs, le préopinant a dit encore que j'avais engagé la fidèle garde royale à prendre la cocarde tricolore. (*Voix à gauche :* Non, non!) Messieurs, c'est une calomnie, c'est un nouveau pétard lancé dans l'assemblée. » (Vive sensation en sens divers.)

« La cocarde tricolore fut établie par l'assemblée constituante, et par une loi sanctionnée par le Roi; elle se rattache au plus grand développement possible de l'esprit humain, à la plus grande gloire militaire qui ait jamais été accumulée sur un peuple, à la régénération entière de l'ordre social. » (Murmures à droite.)

1821. 12 février.

M. de La Fayette avait demandé la rectification du procès-verbal, qui ne contenait pas les explications réclamées sur l'indépendance napolitaine.

M. le garde-des-sceaux (de Serres) avait prétendu que ces sortes de demandes n'étaient que des moyens de jeter la discorde et le trouble dans les délibérations, de fouler aux pieds la Charte et les lois.

M. Benjamin Constant demande que M. le garde-des-sceaux soit rappelé à l'ordre. (Un mouvement d'opposition d'une extrême vivacité éclate à droite et au centre.)

M. le général Sébastiani appuie la proposition de M. Benjamin Constant.

M. Delalot : « Je repousse, Messieurs, comme un outrage insensé, le rappel à l'ordre demandé contre un de nos plus honorables collègues, et je m'abstiens moi-même de provoquer les censures de la Chambre contre des doctrines qui, je l'espère, n'oseront plus se reproduire. » (Mouvement général d'adhésion à droite et au centre.)

1821. 21 février.

M. le garde-des-sceaux (M. de Serre) : « J'ai dit que la provocation à la révolte avait eu lieu dans le cours de la dernière session, que cette révolte avait réellement éclaté, et, avec la loi, j'ai appelé la provocation à la révolte, suivie d'effet, du nom de crime.

« Des orateurs vinrent en faire l'apologie à cette tribune, disant que les rassemblemens étaient légitimes, accusant les magistrats qui s'efforçaient de les disperser et les officiers qui dirigeaient et modéraient les troupes employées à contenir les séditieux, cherchant à attiser le feu et répandant l'huile sur l'incendie, appelant du nom d'assassins ces braves militaires. (Interruption à gauche.) Faut-il nommer l'orateur? (*Voix à droite :* Oui, oui... *M. Dudon :* Non, ce n'est pas parlementaire, ne nommez pas... Nommez, nommez...) C'est M. Manuel. »

MM. Manuel et Benjamin Constant réclament la parole. Une violente agitation règne dans l'assemblée... Les cris : *La clôture ! la clôture !* se font entendre.

M. Manuel : « Je demande la parole pour motiver le rappel à l'ordre de M. de Serre. »

M. Manuel se présente à la tribune. Les cris *la clôture ! la clôture !* se renouvellent avec une grande force à droite et au centre. M. Manuel demande la parole contre la clôture ; elle lui est accordée.

« Messieurs, dit M. Manuel en finissant, ou permettez la défense, ou frappez le calomniateur par un acte de votre réprobation. Je demande que la discussion continue et la faculté de répondre à ce qu'a dit M. le garde-des-sceaux. » (On demande à grands cris l'ordre du jour. *Voix diverses :* Sur quoi?... *Voix nombreuses à droite :* Sur le tout... L'ordre du jour est mis aux voix et adopté.)

1821. 21 février.

M. *de la Bourdonnaye* : « Je sais bien que nous avons vu des orateurs plus adroits commencer par faire l'éloge du Roi et de la Charte, faire des professions de foi monarchiques et constitutionnelles, pour terminer ensuite de la manière la plus hostile par faire l'apologie de la révolte et vanter l'héroïque Espagne... . . .

« Vous ne pouvez rester muets à cet égard, vous qui avez été envoyés dans cette enceinte par une immense majorité de la nation. (Murmures à gauche. *Une voix* : Par les préfets.) Par l'immense majorité de la France. (*Voix générale à droite et au centre* : Oui, oui.) Par la France royaliste, par la majorité immense de la nation, majorité contre laquelle vous vous élevez aujourd'hui, parce qu'elle ne veut plus de vous... (1). » (Le plus violent murmure éclate à gauche. M. de Corcelles parle très vivement dans le tumulte. M. Alexandre Lameth demande le rappel à l'ordre.)

M. *le président* (Ravez) : « M. Lameth et M. de Corcelles n'ont pas plus le droit d'interrompre que tout autre membre. Je les rappelle à l'exécution du réglement. »

1822. 11 janvier.

M. Benjamin Constant : « Lorsque le *Conservateur* défendait ce qu'il appelle les principes de la monarchie,

(1) *V.* Dignité parlementaire.

ceux qui croyaient que la monarchie constitutionnelle repose sur d'autres principes, n'invoquaient pas la censure contre le *Conservateur*.

«... Voilà ce qui distingue les principes de cette *Minerve*, dont j'ai été collaborateur, titre que je regarde comme un de mes titres d'honneur. (Murmures à droite... *Plusieurs voix* : A l'ordre!) Nous en sommes venus au moment où il faut que tout se dise. Il sera toujours honorable, il sera toujours national d'avoir défendu les libertés publiques. Je viens au fond de la question. » (*Voix à droite* : En voilà assez; taisez-vous.) (1)

1825. 21 février.

M. *Dupont de l'Eure* : « Aujourd'hui, c'est l'émigration qui, se plaçant en première ligne et forte de sa majorité dans la Chambre, va adjuger elle-même un milliard qui, dans son arrière-pensée déjà assez peu déguisée, pourrait bien n'être qu'un premier à-compte et n'acquitter envers elle ni les acquéreurs de ses biens, ni le trésor public. Demain ce sera le clergé qui, s'armant de l'épouvantable loi du sacrilége (*Voix à droite* : A l'ordre!), et criant anathême contre la vente de ses biens et la suppression de ses droits temporels, viendra, au nom du ciel, vous demander d'énormes indemnités pour le passé ou de nouvelles dotations pour l'avenir. »

1828. 6 mai.

M. *de Formont* : « Je crois que les députés de la droite veulent la Charte pour l'employer à fortifier l'autorité royale, et ceux de la gauche pour augmenter d'autres prérogatives et peut-être diminuer la prérogative royale.

(1) *V.* Dignité parlementaire.

(Vifs murmures à gauche. Quelques cris : *A l'ordre!* se font entendre.) Il n'y a pas d'ordre à rappeler; c'est une opinion comme une autre que j'exprime : c'est la mienne. »

1829. 16 mai.

M. *Labbey de Pompières* : « On remarque aux dépenses diverses, que si le transport d'un lion nous a coûté 7,000 francs en 1826, on nous a fait payer le double en 1827, pour hâter l'arrivée en Portugal d'un monstre bipède bien autrement redoutable. » (Vive rumeur à droite.)

Plusieurs voix : A l'ordre! à l'ordre!

Voix à gauche : Non! non!

M. *Guilhem :* « Montez donc à la tribune pour justifier un pareil misérable!... Quel Français l'oserait? »

---

§ VII.

RAPPEL A LA QUESTION.

1821. 23 février.

M. Alex. Lameth. «On accuse sans cesse ce côté de porter le trouble dans les discussions; mais quel est le membre qui s'en soit écarté plus que l'orateur lui-même (M. de la Bourdonnaye)? Qui plus que lui a parlé de choses étrangères à la discussion, de choses qui ne pouvaient y être souffertes, lorsqu'il a osé dire à cette tribune, aux représentans de la grande et de la petite propriété, de l'agriculture, du commerce, de l'industrie, de tant de trophées de gloire; quand il a osé dire, je le répète : La France ne veut plus de vous! (Vive sensation à gauche. *Voix à droite* : C'est vrai, la France veut des royalistes, des amis de l'ordre et des lois...) Et de qui croyez-vous que la France veuille?.. (*Voix a droite* : Des royalistes quelle a nommés). Croyez-vous, Messieurs, que la France veuille de l'émigration armée? de cette émigration que tous les souverains ont jugée comme une des fautes les plus graves qui aient pu être commises dans l'histoire des dissensions civiles des peuples? ... Que veut-on? est-ce le *væ victis* que l'on invoque? Mais, Messieurs, est-ce Coblentz qui a vaincu la France?... (*Voix à droite* : Est-ce vous qui l'avez défendue?...) Je le répète, est-ce donc Coblentz qui a vaincu la France? » (*Voix à droite* : A la question! à la question!)

1821. 18 juillet.

M. Bresset se présente à la tribune avec une opinion préparée ... Des murmures s'élèvent ... *Une foule de voix* : Parlez sur l'amendement de M. Sireys de Mayrinhac. *M. Morisset* : Il n'y a que cet amendement en discussion. *M. Ganilh* : Si à chaque amendement on peut rouvrir la discussion générale, on n'en finira jamais. ... *Voix à gauche* : La parole n'a été retirée hier à M. Corcelles que par cette raison ... *Voix à droite* : Non, non, il étoit hors la question... *A M. Bresset* : Parlez, parlez.

M. Bresset est entendu.

1822. 31 juillet.

M. Duvergier de Hauranne « : Un honorable membre (M. Bignon) avait invité le ministère français à suivre cette marche prudente. Il avait dit, avec beaucoup de raison, « que nous interdire le commerce avec les états de l'Amérique méridionale seroit un mal pour nous, sans être, sous aucun rapport, un bien pour l'Espagne. (*Voix à droite* : Ce n'est pas la question! .. *d'autres voix à gauche* : Si! si! c'est la question, écoutez! nous avons entendu pendant trois heures!) Messieurs, le ministère de la marine devant protéger le commerce, les affaires commerciales se rapportent nécessairement au budget de ce ministère. » (*Voix diverses* : Parlez! parlez) !

---

§ VIII.

RUSES DE GUERRE.

1820. 27 mars.

M. Manuel : « Nos honorables adversaires se plaignent de ce que cette loi est contraire aux intérêts du parti qu'ils représentent dans cette Chambre; ils prétendent que ce parti qu'on appelle souvent dans cette discussion le parti des priviléges. (*M. de Marcellus* : Nous ne sommes pas un parti.) M. de Marcellus aime-t-il mieux que je l'appelle une faction ? » (*Un grand nombre de voix à droite* : C'est trop fort! à l'ordre... A l'ordre!)

1820. 31 mai.

M. Courvoisier : « Le nom de la garde nationale s'est mêlé souvent à nos débats. Ceci ne sera point étranger à l'objection dont je m'occupe, car on ne nous parle que de révolution, et l'on néglige, on redoute même de nous donner les institutions les plus capables de nous défendre... Accuser la garde nationale de Paris d'avoir aidé par ses vœux, ou par son concours, aux horreurs dont la révolution nous a souillés.... » (Des cris redoublés des bancs de droite et du centre de droite : *Qui a dit cela, nommez, nommez !*)

M. de la Bourdonnaye monte à la tribune, puis en descend après une observation de M. le président.

M. Courvoisier : « Vous demandez une explication;

laissez-moi parler, si vous voulez l'entendre; je vous disais.... » (Nouveaux murmures, très vive agitation.)

M. le président: « On ne peut interrompre l'orateur que pour le rappel à l'ordre.

M. de la Bourdonnaye : « Je demande le rappel à l'ordre.»

M. le président : « Vous avez la parole (le calme se rétablit.)

M. de la Bourdonnaye : « Messieurs, il résulte de ce que M. Courvoisier vient de dire, qu'il accuserait certains membres de cette chambre d'avoir eux-mêmes accusé la garde nationale de Paris des crimes de la révolution. Je somme M. Courvoisier de nommer ceux qui ont proféré cette accusation, ou je demande qu'il soit rappelé à l'ordre. » (Nouveaux tumulte.)

M. Courvoisier élevant la voix : « La réponse est fort simple, et déjà vous l'eussiez connue, si votre ombrageuse susceptibilité ne m'eût empêché de me faire entendre... » (Le tumulte couvre la voix de l'orateur.)

A gauche : « Silence! continuez! »

M. Cornet d'Incourt : « Je demande la parole sur le rappel à l'ordre. »

M. Kératry : « Je demande la parole pour un fait... »

MM. de Puymaurin, Auran de Pierrefeu, Maccarthy et autres se lèvent et parlent avec force.

M. le général Foy : « Je demande la parole. »

M. le président : « Il est impossible de délibérer de la sorte. M. Courvoisier disait que la garde nationale de Paris n'était point coupable des excès de la révolution; que ces excès étaient provenus des bandits connus sous le nom de *marseillais*, quoiqu'ils ne fussent point sortis de Marseille. M. de la Bourdonnaye a demandé le rappel à l'ordre; il pense que l'orateur à voulu accuser quelques membres de la Chambre. On demande une explication; M. Courvoisier veut la donner vous devez l'entendre. » (Nouveaux tumulte.)

Au centre de droite : Oui, oui!

A droite : Il faut une rétractation.

M. Anglès : « Parlez-donc. »

M. Courvoisier : « Pour que je parle, il faut qu'on m'écoute. »

M. Cornet d'Incourt : « Messieurs, il faut que la retractation soit clairement établie, on avait accusé plusieurs membres de la Chambre d'avoir calomnié la garde nationale de Paris; il résulte de l'explication donnée par M. le président, et approuvée par M. Courvoisier, qu'il n'a point entendu dire qu'aucun membre eût calomnié la garde nationale de Paris : en conséquence, nous déclarons que nous sommes satisfaits. »

A gauche : Non, non, ce n'est pas cela.

Plusieurs voix : Il n'y a pas de rétractation à faire.

M. le général Foy et M. Kératry montent à la tribune.

M. Courvoisier les engage à descendre.

Plusieurs voix : Consultez la Chambre.

M. *le président* : « Il n'y a plus matière à un débat; on avait demandé le rappel à l'ordre; on a retiré ensuite cette proposition; il ne reste donc plus rien à discuter. Je ne puis donner la parole, à moins qu'on ne veuille demander de nouveau le rappel à l'ordre de M. Courvoisier. » (On rit, et le calme se rétablit.) (1)

1821. 2 février.

M. Manuel : « La révolution se consolidera en France

(1) M. de la Bourdonnaye n'a pas été plus heureux dans son accusation contre M. Courvoisier, aujourd'hui *son honorable collègue*, on ne peut s'en prendre à son zèle. Il a prouvé plus tard à M. Manuel qu'il ne se regardait pas comme battu.

comme en Angleterre. Vous n'empêcherez pas de reconnaître ce que nous devons à ceux qui les premiers ont immolé... » (*Voix à droite :* Oui à ceux qui ont immolé leur roi. *M. de Cayrol* : Je demande que M. Manuel soit rappelé à l'ordre.)

M. le président : « Ces habitudes d'interruption seraient un obstacle à toutes discussions, à toutes délibérations. Vous savez quelles sont défendues par votre règlement. Plusieurs fois j'ai rappelé ses dispositions à cet égard. Je dois inviter de nouveau la Chambre à s'abstenir de ces sortes d'interruptions qui ne respectent pas assez sa propre dignité. » (Mouvement général d'adhésion.)

1821. 5 février.

M. le général Foy : « Ce sont les principes de liberté et d'égalité... (*Voix à droite* : Ou la mort.)

« Ce sont les principes de liberté et d'égalité constitutionnelle tels que la Charte les a reconnus et mis en pratique. »

1821. 4 juin.

M. de la Fayette : « Eh ! bien, Messieurs, dans ce partage de l'Europe entre deux bannières, d'un côté le despotisme et l'aristocratie; de l'autre la liberté et l'égalité. (*Plusieurs voix* : Ou la mort !), la liberté et l'égalité que nous y avons les premiers proclamées, où trouve-t-on les soi-disans organes de la France? »

1822. 27 février.

M. de Chauvelin : « Messieurs, les vœux du peuple français sont assez connus; il désire le repos et l'égalité. (*Voix à droite* : Oui ! la fraternité ou la mort, n'est-ce pas?) Lorsque l'ordre social sera établi en France sur cette égalité; lorsque notre loi d'élection ne sera plus faussée dans son principe. » (1) (Mouvement à droite. *Quelques voix* : Voilà votre grand cheval de bataille !... Ce n'est pas la question.)

1822. 13 mars.

M. B. Constant : « Je vois les journaux ministériels remplis d'insolentes invectives contre un peuple voisin, qui a voulu en 1820 ce que nous avons voulu en 1789... Je vois que nous avons long-temps entretenu à sa porte un nouveau Coblentz, oubliant quelle déplorable place l'ancien Coblentz occupe dans l'histoire de l'infortuné Louis XVI. » (Vive agitation à droite. *Plusieurs voix* : Le roi y était !... C'est insulter le roi !... A l'ordre ! à l'ordre ! *M. Girardin* : Le roi était à Paris !... *M de Lameth* : Il avait accepté la constitution... *M. de Corcelles* : Vous étiez avec les Prussiens !... *M. de Cayrol* : Le roi était prisonnier !....)

1823. 26 février.

M. Manuel. : «Avez-vous oublié que c'est parce que les puissances étrangères étaient venues en France, que Louis XVI a été précipité.. (Murmures à droite... *M. Demarcay* : M. le président, maintenez la parole.)

M. le président : «M. Demarçay, vous n'êtes pas chargé de la police de la Chambre, et je vous prie de vous épargner toute réflexion sur ce que le président croirait devoir faire. » (2)

1823. 26 février.

M. Manuel : «Ai-je besoin de dire que le moment où le. dangers de la famille royale en France sont devenus plus graves, c'est lorsque la France... la France révolution-

(1) *V.* Besoins du Pays. Double vote.
(2) *V.* Chambre. Droits du président.

naire a senti qu'elle avait besoin de se défendre par une forme nouvelle, par une énergie toute nouvelle?» (La plus vive agitation se manifeste à droite; *une foule de voix de ce côté* : A l'ordre! à l'ordre! M. le président rappelez à l'ordre!)

M. le président : «Il est impossible de ne pas faire remarquer à l'orateur, que la manière dont il s'explique actuellement, s'écarte tout-à-fait de l'ordre; car, parlant d'un événement qui a fait couler les larmes de toute la France, il le qualifie de résultat d'une énergie nouvelle.» (*Les mêmes voix* : C'est une infamie! il faut le faire descendre de la tribune! ôtez-lui la parole!) Le tumulte est extrême, et M. Manuel ne put plus se faire entendre. Lorsqu'il monta à la tribune pour se justifier, les cris : *à bas! à bas!* couvrirent sa voix de toutes parts.

Lelendemain, M. de la Bourdonnaye demanda qu'il fût expulsé. Sa proposition fut appuyée d'un très grand nombre de voix à droite; elle donna lieu à des discussions qui se prolongèrent pendant plusieurs séances. Dans celle du 3 mars, il fut décidé à une très forte majorité que M. Manuel serait exclu. Cette décision fut exécutée par la gendarmerie.

1828. 9 avril.

M. Duvergier de Hauranne : « Puisqu'on parle tant des comités libéraux, pourquoi ne parle-t-on pas des assemblées des royalistes? (Exclamation à droite : Les libéraux ne sont donc pas royalistes! — Agitation prolongée.)

« Les royalistes se sont aussi assemblés. (Ah! ah!)

«Messieurs, je me suis servi de cette expression pour me conformer au langage d'un parti qui veut exclusivement s'attribuer le titre de royaliste (1). Nous autres royalistes

(1) *V.* Royalistes.

constitutionnels, sommes moins exclusifs, quoique meilleurs royalistes qu'eux. » (Oh! oh! — Oui! oui!)

1829. 10 juillet.

M. le général Lamarque. « Une funeste expérience ne nous a que trop appris que les peuples ont aussi LEURS COUPS D'ÉTAT... » (Violente interruption à droite.)

Plusieurs membres à droite : A l'ordre! à l'ordre!

D'autres voix : Vous prêchez la révolte! (*A gauche:* Allons donc! silence!)

M. le président. « Je vous invite à écouter; l'orateur est dans son droit. »

ÉLECTIONS.

1828. 11 février.

M. de Beaumont: « Je demande la permission de vous présenter quelques réflexions générales qui me semblent devoir précéder les votes qu'on pourrait émetttre sur les questions graves qui vous seront soumises. (Rumeur au centre.) Trois questions se présentent à résoudre : la première est relative aux droits que peut avoir la Chambre dans ses investigations sur les électeurs qui nous ont envoyés; la deuxième aux mesures législatives qui devront être prises pour assurer à l'avenir l'indépendance des élections et prévenir le retour des fraudes, qui, à tort ou à raison, ont été signalées soit par les organes du Gouvernement, soit par les membres de cette Chambre; enfin, la troisième aura pour but de déterminer ce qu'il convient de faire à l'égard des abus de pouvoir dont l'administration se serait rendue coupable dans les fonctions qui lui sont confiées. (Murmures toujours croissans.)

Une voix : A la question.

L'orateur : « C'est la question, puisqu'on vient de parler d'abus de pouvoir. »

(Les interpellations continuent. La proposition n'a pas de suite.)

1828. 29 mars.

Des pétitionnaires réclamaient contre les fraudes électorales.

M. B. Constant : « Si on peut les convaincre de calomnie préméditée, on aura raison de les poursuivre ; mais il est constant que la masse des pétitionnaires a agi honnêtement, courageusement, constitutionnellement. » (Murmures à droite.)

1828. 28 avril.

M. de Beaumont : « Lorsqu'on disait aux préfets : Envoyez-nous tel député ; évitez tel autre, sous peine de destitution, n'était-ce pas leur dire : Employez les moyens que vous voudrez, pourvu que vous réussissiez ; nous ne vous rechercherons pas. » (Murmures à droite.)

1828. 29 avril.

M. le ministre de l'intérieur : « Je dois croire que ceux qui se sont plaints avec tant d'amertume de l'influence exercée par le Gouvernement dans les élections précédentes, reconnaîtront avec moi l'influence fâcheuse, illégale, tyrannique, qui a été exercée récemment par d'autres que par le Gouvernement. » (1) (Mouvement d'adhésion à droite.)

(1) *V.* Ci-dessus, séance du 11 février.

§ I.

LIBERTÉ DES ÉLECTIONS.

1822. 13 juillet.

M. Ternaux : « Résignez-vous donc, pères de famille, vous n'aurez pas de confiance ou vos enfans n'auront pas de pain. (Murmures à droite.)

1822. 15 juillet.

M. Gilbert des Voisins : « Je puis citer un fait particulier à mon département, par suite des élections : la destitution d'un juge de paix qui exerçait cette magistrature depuis son établissement, et jouissait de l'estime générale. Jusqu'à présent l'estime et le talent, même sous les gouvernemens absolus, étaient des titres aux emplois; sous le ministère actuel ce sont des motifs de destitution. » (Murmures à droite.)

§ II.

INTRIGUES DU GOUVERNEMENT.

1816. 18 décembre.

M. Cornet d'Incourt : « Des lois de circonstances ont remplacé plusieurs articles de la Charte... Et le ministre de la police est devenu *le grand électeur* du royaume. » (des murmures interrompent.)

1821. 21 février.

M. Pavée de Vandœuvre : « Toute l'influence est restée à l'administration ; trois mois à l'avance nous avons vu les fonctionnaires publics, sous-préfet, procureur du roi, président, substitut, parcourir leurs arrondissemens dans tous les sens pour préparer les esprits en faveur des candidats qui leur avaient été désignés par le ministère, s'assurer les suffrages par les moyens trop nombreux qui sont entre leurs mains; les promesses prodiguées à ceux qui demandaient, les menaces se renouvellant chaque jour et sous toutes les formes contre ceux qui, de près ou de loin, tenaient à l'administration; les parens menacés dans leurs parens, les amis dans leurs amis... » (Une vive interruption éclate à droite... *Un grand nombre de voix* : A la question!.. *Voix à gauche :* Laissez parler! laissez parler!...)

M le général Foy: « Il faut en finir, il faut savoir si nous sommes ou si nous ne sommes pas députés... » (1). (*Voix à droite :* Parlez dans la question.)

1821. 16 juillet.

M. le garde-des-sceaux. : « Nous nous sommes toujours portés en avant, au moment où la monarchie était en danger; nous avons toujours combattu les principes des hommes qui l'attaquaient. Nous avons tout fait pour obtenir, dans les dernières élections, des royalistes. »

(Mouvement très vif à gauche.... *Une foule de voix :* Nous le savions bien..... *M. de Corcelles* : L'aveu est naïf... *M. Méchin :* Vous voyez que vous avez fait une belle chose... *M. Foy :* Et la France ?... la France, qu'avez-vous fait pour elle ?)

1822. 27 mars.

M. B. Constant : « La loi qui a voulu que les électeurs nommassent un secrétaire et des scrutateurs de leur choix a, par cela même, supposé que les électeurs ne devaient

(1) *V.* Députés.

pas aux bureaux provisoires une confiance absolue. (*Voix à droite* : A la question). Disposer les salles de manière à ce que ces bureaux provisoires ne soient aucunement contrôlés quand ils dépouillent les scrutins destinés à former les bureaux définitifs, c'est éluder la loi. (Nouvelle interruption. *Nombre de voix à droite* : A l'ordre, à la question ! M. le président rappelle l'orateur à la question.) Messieurs, il s'agit d'allouer des fonds pour la disposition matérielle des colléges électoraux. Si cette disposition est telle qu'elle empêche les électeurs d'être libres, je ne veux pas voter les fonds ; je n'ai pas le droit de faire payer aux contribuables les frais de la fraude exercée contre eux. » (*Voix à droite* : A la question.)

1824. 12 juillet.

M. de La Bourdonnaye : « M. le ministre de l'intérieur prétend qu'il n'y a rien eu d'illégal dans les élections, puisqu'il n'a fait que ce qu'il devait faire. Je ne suis pas appelé à juger maintenant sa conduite ; mais il m'est permis de lui opposer les propres paroles de M. le ministre des finances, qui est convenu qu'il y avait eu dans les élections des choses déplorables (Des murmures s'élèvent.) qui devaient être attribuées à des fonctionnaires publics plus zélés qu'adroits. (Des murmures continuent.) Quand M. le président du conseil crut devoir ne pas nier les torts qui lui sont reprochés ; lorsqu'il rejette les torts sur les agens placés sous la direction de M. le ministre de l'intérieur, je vous demande qui de M. le ministre de l'intérieur ou de moi a raison. » (*Voix à droite* : Allons donc ! ce n'est pas là la question... Parlez de budget.)

1828. 12 février.

M. Royer-Collard : « Si on vous présentait une question en ces termes : Est-ce la même chose qu'un député soit nommé par de vrais ou de faux électeurs, c'est-à-dire, qu'il soit lui même un vrai ou un faux député, votre raison et votre conscience se soulèveraient à l'instant; vous n'écouteriez pas. (Rumeur à droite.) C'est cependant sur cette question déguisée qu'on vous fait délibérer en ce moment. »

---

§ III.

BASES ÉLECTORALES.

1821. 15 février.

M. le général Sébastiani : « Une autre considération qui n'échappera pas relativement à cette diminution (celle du droit d'enregistrement et surtout du droit de mutation), c'est que si d'un côté vous diminuez les charges de la propriété, vous affaiblissez aussi le principe vital de l'ordre social, principe qui consiste à conserver le plus d'électeurs possible, le plus de droits politiques possibles en France. » (Murmures à droite et au centre.)

1821. 19 juillet.

M. le général Foy : « En somme, il y avait dans l'année 1817 cent mille électeurs exerçant leurs droits politiques dans toute leur plénitude, et assurément ce n'était pas trop pour une nation si active, si riche, si industrieuse, si avancée dans toute les carrières de l'esprit humain. (Interruption.) Oui, Messieurs, si avancée dans toutes les carrières de l'esprit humain. L'Europe entière nous paie cet hommage; sera-ce ici qu'il trouvera des contradicteurs ? »

1822. 22 janvier.

M. Royer Collard : «Je vois d'abord que, des deux pouvoirs qui concourent à l'exercice de la souveraineté, l'un a été donné aux intérêts aristocratiques; je vois ensuite que, dans le pouvoir qui représente exclusivement les intérêts démocratiques, et qui, par cette raison, est électif, la moitié des élections, peu s'en faut, est encore adjugée sans débat à l'aristocratie, ou du moins à ce qu'on appelle ainsi. (On rit à droite. *Plusieurs voix* : Mais vous dites qu'il n'y en a pas..) La démocratie dispute l'autre moitié au ministère.»

---

§ IV.

DOUBLE VOTE.

1820. 17 mai.

M. Royer-Collard : «Là où la minorité peut prévaloir, c'est que l'élection n'est pas un droit; là où l'élection n'est pas un droit, il n'y a pas de question; elle ne peut-être qu'un abus, un désordre; les préfets conviendraient peut-être autant que toutes ces combinaisons laborieuses de colléges. Ce ne sont plus des députés qui siégent à la Chambre; ce sont des notables. Mais si la Chambre est un pouvoir et l'élection un droit, un droit constitutionnellement semblable dans chacun de ceux qui l'exercent, il y a dans la seule conception de l'élection par la minorité un dédain si profond de l'humanité, qu'on n'en trouverait peut-être pas un exemple.» (Très vive sensation à gauche; quelques murmures à droite et au centre) (1).

1829 2 avril.

M. Charles Dupin : « Je l'avouerai, c'est avec douleur

(1) *V.* L'art. 40 de la Charte.

que j'ai vu M. le ministre de l'intérieur se faire du double vote, de cette mesure si fatale à la France et qui nous a valu des années si désastreuses (Murmures à droite.), un titre pour établir dans l'électorat de nouvelles inégalités que la Charte n'avait pas établies, et qui par conséquent n'existent pas selon la Charte. »

GARDE NATIONALE.

1827. 7 mai.

M. le ministre des finances : « Je ne dirai qu'un mot en réponse à la menace de se porter notre accusateur, qu'a cru devoir faire l'orateur auquel je réponds (M. Lafitte) ; menace qu'il a fait entendre à propos de la dernière ordonnance que vous avez lue dans le *Moniteur* (Mouvement). Je répondrai que j'aurais pu craindre une pareille accusation, si je n'avais pas conseillé cette mesure. » (Signes très vifs d'adhésion à droite et au centre.)

M. Petou: « En détruisant la garde nationale de Paris, vous avez frappé la France au cœur ! »

(*Voix nombreuses :* A l'ordre! à l'ordre !—Agitation.) — *M. le président*: M. Petou, vous n'avez pas le droit d'interrompre ; le réglement vous le défend (1). *M. Petou:* La France jugera le ministère).

1827. 10 mai.

M. le général Sébastiani : « Ici, Messieurs, se présente naturellement l'occasion d'examiner un acte tout récent du ministère, le licenciement de la garde nationale de Paris. (Murmures à droit et au centre.) Je ne contesterai

(1) *V.* Droits du président.

pas la légalité de cette mesure, si elle n'est que temporaire. La couronne a sans doute le droit de dissoudre un corps dont elle est mécontente; mais lorsque ce corps doit son existence à une loi, après avoir été dissous, il doit être recréé. » (Murmures au centre).

1828. 29 avril.

M. le général Lafayette : «Messieurs, permettez au plus ancien vétéran de la garde nationale parisienne... (Murmures à droite *M. le président* : Laissez parler l'orateur.) Permettez au plus ancien vétéran de la garde nationale parisienne de 89, de reconnaître l'énergie avec laquelle un de ses plus dignes chefs vient de venger et réclamer ses droits. » (Le silence se rétablit).

1828. 16 mai.

M. Viennet : «Je ne le conteste point; je la réclame aussi cette garde nationale, si grossièrement licenciée, si indignement sacrifiée aux calomnies de la police.» (Interruption à droite.)

GOUVERNEMENT.

Les députés des départemens auraient pour unique mission le vote de l'impôt, que la nécessité de le consentir entraînerait tout naturellement après elle le droit d'en surveiller l'emploi; mais interprètes des besoins du pays, ils peuvent en faire passer l'expression dans les lois soumises à leur examen, ou la montrer plus réelle encore dans les pétitions dont ils soutiennent le renvoi devant les différens ministères. La CHARTE leur reconnaît en outre, dans son article 19, la faculté de supplier le Roi de proposer « une loi sur quelque objet que ce soit, et d'indiquer « ce qu'il leur paraît convenable que la loi contienne. » Prétendre qu'ils doivent rester étrangers à la *politique du Gouvernement*, c'est donc tout à la fois et méconnaître l'esprit de la Charte, et inspirer un juste sentiment de défiance à ceux qui n'avaient d'abord d'autre pensée que d'offrir *au Gouvernement* l'appui de leur expérience et de leurs lumières. — Ces principes sont familiers à tout le monde; mais il faut les rappeler ici, pour montrer combien le *côté droit* les a méconnus.

---

§ Ier.

POLITIQUE OUVERTE.

1819. 25 janvier.

M. Chauvelin : « Qui pourra donc plus raisonnablement assurer au ministère le moyen d'obtenir et de posséder long-temps la majorité, cette condition si nécessaire à la durée de sa puissance? Sera-ce la froideur..... non, mais plutôt la confiance, les relations franches, ouvertes, les explications qui lèvent les doutes et qui préviennent les soupçons; enfin ces communications répétées, dans lesquelles, et sous les auspices d'une bienveillante publicité, le ministère se pénétrera bien de l'esprit et des vœux de la Chambre, comme la Chambre aussi pourrait adopter et s'approprier les doctrines et les erremens de l'expérience ministérielle; communications précieuses, et bien plus réellement utiles que toutes les relations occultes et individuelles, dans lesquelles tant d'avis officieux, de tentatives, d'influences, d'engagemens contractés, sont tôt ou tard en pure perte. » (Un mouvement d'agitation se manifeste.)

1820. 6 mai.

M. Méchin : « Quels inconvéniens y a-t-il que la Chambre demande aux ministres les renseignemens qu'elle juge nécessaires. Les ministres du roi sont les ministres de la loi... (Des murmures interrompent à droite. *Plusieurs voix :* Ils sont les ministres du roi.) Ce sont les ministres de la loi, Messieurs, car il faut qu'ils l'exécutent, et s'ils ne l'exécutaient pas, ils seraient responsables.

« Je persiste à demander que la Chambre exprime par une délibération le vœu d'obtenir telles et telles pièces qui sont nécessaires pour l'examen approfondi de la loi. » (*Un grand nombre de voix à droite :* Cela n'est pas possible.)

1821. 12 février.

M. Casimir Perrier : « A quoi pense le ministère, Messieurs, au milieu des circonstances très graves qui nous environnent? Les ministres n'ont-ils donc d'énergie que pour attaquer nos libertés, ou pour défendre les empiétemens du pouvoir? Croient-ils qu'il suffit aux Français de leur dire, ainsi que le faisait hier un ministre à cette tribune, que leur roi est honoré comme il doit l'être? Il faut encore qu'ils aient la confiance que le Gouvernement est assez fort pour le faire respecter toujours. Et ici je me joins à mes autres collègues pour accuser la conduite mystérieuse des ministres; je m'étonne de leur silence obstiné à notre égard, au milieu de ce cliquetis d'armes qui se fait entendre, et de l'espèce d'impassibilité qu'ils montrent en voyant mettre à exécution les sentences de ce tribunal, qui s'est établi en Europe pour juger les peuples et les rois; car enfin, Messieurs, vous êtes royalistes, vous êtes Français; quel est celui de vous dont le sang ne bouillonne à l'idée qu'à l'instar du coup qui vient de frapper l'aïeul de cette nouvelle *Blanche de Castille*, à qui nous devons le duc de Bordeaux, le tribunal puisse lancer un mandat d'amener contre l'auguste auteur de la Charte, pour lui demander compte du bonheur de son peuple? (Murmures à droite.) Ne serait-il pas affreux pour nous, que malgré la bravoure de quelques bataillons épars, nous ne pussions peut-être repousser un tel outrage que par un désespoir impuissant? » (On demande vivement l'impression du discours.)

M. de Puymaurin : « Oui, la partie des finances, mais non le passage politique. »

M. de Creuzé : « Je demande l'impression du discours qui vient d'être prononcé, et dont la lecture nous sera très utile pour décider la question qui nous occupe; mais je la demande à condition que l'orateur voudra bien consentir à retrancher le passage relatif à l'armée, au congrès de Laybach et aux rois de France et d'Espagne. » (*Voix à droite :* Appuyé, appuyé. *A gauche* : Pourquoi donc?.... Qu'y a-t-il d'inconvenant?)

M. Casimir Perrier : « Je ne puis consentir à retrancher de mon discours une phrase que j'y ai insérée dans l'intention la plus pure, et que rien ne peut m'engager à désavouer. » (Mouvement d'adhésion à gauche.)

M. Pardessus · « De telles expressions sont insultantes pour le roi de Naples, insultantes pour le roi de France, et un discours dans lequel leur auteur veut les maintenir, ne peut être imprimé aux frais et par ordre de la Chambre. » (*Voix générale à droite :* Non, non... il faut en finir.... ce sera une leçon.) L'impression est rejetée.

---

§ II.

GOUVERNEMENT OCCULTE.

1820. 28 avril.

M. Manuel : « Si j'en crois des renseignemens qui sont survenus depuis, ce n'est pas à Nîmes seulement que ce

Gouvernement s'est présenté. Les départemens de l'Ouest ont été, dans des circonstances remarquables, le théâtre d'opérations d'actes plus ou moins formels, et qui semblent n'attester que trop l'existence de ce pouvoir inconstitutionnel. J'ai sous les yeux des lettres écrites par un chef vendéen, le 24 septembre 1815, lorsque le roi constitutionnel était dans sa capitale, et qu'il avait pris l'exercice de tout son pouvoir. » (Des murmures s'élèvent à droite. *Plusieurs voix :* Que venez-vous parler de 1815?)

1828. 5 avril.

Il s'agissait des libelles envoyés par l'administration des postes.

M. de Vautchier : « Je provoque moi-même des explications; je suis prêt à répondre (portant la main sur sa conscience); je n'ai rien là qui me gêne. » (Un mouvement d'adhésion éclate dans toute la partie droite.)

M. Casimir Perrier : « Il me semble que dans un cas aussi grave, l'administration des postes a dû rechercher quels étaient ceux qui avaient pu abuser ainsi de la propriété d'autrui. » (Murmures à droite.) (1)

---

§ III.

TRAITÉS.

1821. 10 février.

M. de Chauvelin : « Le bruit se répand que le Gouvernement français a signé l'acte de l'occupation de Naples, et qu'il va concourir aux mesures prises par les Gouvernemens absolus; mesures auxquelles le Gouvernement anglais n'a

(1) *V.* Causes d'hilarité.

pas voulu s'unir; et nous, qui avons une constitution en vertu de laquelle nous sommes aussi libres que les Anglais, serons-nous réduits à une comparaison aussi humiliante, vis-à-vis des ministres qui coopèrent à des actes qui tendent à dégrader l'espèce humaine au nom de l'Europe! Pourrons-nous les voir en notre présence sans qu'aucun de nous n'élève la voix pour leur demander un compte à ce sujet? (*Voix à droite :* Cela ne vous regarde pas; le roi seul fait les traités...) En vain dira-t-on que les négociations diplomatiques appartiennent au Gouvernement; le Gouvernement ne peut pas s'être réservé le droit de concourir à de semblables actes, sans expliquer ses motifs aux représentans de la France, parce que c'est là la plus grande affaire qui puisse occuper la pensée des députés (1). » (Des murmures interrompent l'orateur.)

1822. 12 février.

Il s'agissait de l'indépendance napolitaine.

M. *de la Fayette :* « Puisque vous m'interrompez, Messieurs, je dirai que l'assemblée constituante avait consacré ce principe : Que la nation française n'emploierait jamais ses forces contre la liberté d'aucun peuple. » (*Voix à droite :* Il ne s'agit pas de l'assemblée constituante. (2))

1822. 20 mars.

Le chapitre en discussion était celui des missions extraordinaires. M. Manuel venait d'être rappelé à la question.

M. Manuel : « Si l'on reconnaît que l'examen moral de la conduite du ministère peut entrer dans la discussion du budget, c'est bien sur le chapitre 3, intitulé *missions extraordinaires*. Le ministère a-t-il fait tout ce qu'il devait faire dans les grands événemens qui ont agité les puis-

(1) *V.* Députés.
(2) *V.* Histoire.

sances? (*Voix à droite*: Ah! ah! nous y voilà... Une vive agitation interrompt l'orateur.) Le ministère prétend qu'il avait des intérêts à conserver et des ménagemens à prendre. Je réponds que quand un Gouvernement veut appuyer sa puissance sur la nation, ce Gouvernement n'a besoin de personne pour se faire respecter. Mais si au contraire il se met en opposition avec les véritables intérêts de la nation... » (*Plusieurs voix à droite* : A la question... Vous ne dites pas un mot de votre amendement... A l'ordre...)

M. le président: « Je dois rappeler pour la deuxième fois à l'orateur qu'il s'écarte tout à fait de la question. »

M. Manuel : « En pareil cas il est tout naturel que l'on cherche des points d'appui au dehors; il est tout simple que l'on fasse des alliances pour conserver par la violence ce que l'on ne saurait conserver par l'affection. » (*Les mêmes voix à draite :* Ce n'est pas la question. *A l'ordre! à l'ordre!*

M. *Forbin des Issarts :* « M. le président, ôtez la parole. »

La Chambre consultée, décide que M. Manuel ne continuera pas son discours. Le chapitre 3 est adopté.

HILARITÉ.

---

§ Ier

EXISTENCE DU GOUVERNEMENT REPRÉSENTATIF.

1822. 14 janvier.

M. le général Foy : « Messieurs, je n'ai qu'un mot à vous dire sur la clôture. Voilà trois mois que nous avons été convoqués; depuis ce temps, nous n'avons guère eu que dix séances. (*Voix à droite :* La clôture! la clôture!) (1) Si dans ce petit nombre de séances, il n'est pas permis d'arriver à la fin d'une question, autant vaudrait nous laisser chez nous, et supprimer le gouvernement représentatif. » (Vive adhésion à gauche. *On rit* et on murmure à droite.)

1828. 29 mars.

M. Agier : « M. de Cambon a eu raison de le dire, on ne saurait trop le répéter dans l'intérêt vrai de la royauté, dans l'intérêt du repos public et de la paix du pays, dans l'intérêt vrai du ministère pour l'accomplissement des belles dispositions qu'il a montrées dans cette enceinte : l'ancienne administration devient menaçante, et que le ministère me permette de le lui dire, qu'il prenne garde à cette attitude menaçante! » (*Voix à droite :* Bah! Vive agitation.)

---

§ II.

INTÉRÊT DES CONTRIBUABLES.

1817. 24 février.

M. Cornet d'Incourt : « Je demande qu'on ne puisse cumuler un traitement pour une fonction qu'on ne remplit pas... » (On rit.)

1818. 9 avril.

M. Roy : « Si les pensionnaires sont là qui vous deman-

(1) *V.* Utilité de la Censure.

dent, n'oubliez pas, Messieurs, que les contribuables sont aussi là qui vous écoutent... » (On rit.)

1819. 27 mai.

M. Chauvelin : « Plus la surveillance des Chambres s'exercera sur les actes des ministres, plus leur responsabilité sera invoquée ; plus il y aura de changement parmi eux, et plus nous aurons de ministres d'état ; de telle sorte que nous paierons plus pour le conseil privé, précisément en raison de ce que les ministres à portefeuille auront moins bien gouverné... » (On rit beaucoup.)

1822. 19 janvier.

M. de Corcelles : « On veut un nouveau Code répressif, Messieurs, faut-il s'en étonner ? Voyez comment, la bouche béante, devant le plus énorme budget de la terre, on s'écrie : Censure ! répression... » (On rit à droite.)

1822. 22 mars.

Le chapitre en discussion avait pour titre : *Etablissemens généraux d'instruction publique*, 2,815,000 francs.

M. Beauséjour : « Je demande sur cette somme la réduction de 28,364 francs... (*Voix à droite :* Combien de centimes ?... On rit.) Cette réduction, je la motive sur la réduction du nombre des élèves ayant des bourses dans les colléges royaux. »

Le chapitre est mis aux voix et adopté.

1829. 2 juin.

M. le général Thiard : « Aucune réforme n'a été opérée, les abus sont les mêmes ; nulle économie ne préside à la distribution des revenus publics, le peuple souffre et plie sous l'énorme fardeau qui lui est imposé.

« Rejetez le budget, et les bénédictions du peuple vous salueront à votre retour. » (On rit à droite.)

---

§ III.

MALHEURS PUBLICS.

1820. 4 avril.

M. Bignon : « J'admire la sécurité de ces hommes confians, toujours prêts à croire à l'infaillibilité du ministère du jour, qui trouvent que tout va bien tant que les malheurs publics ne les atteignent pas. » (On rit.)

1820. 28 avril.

M. Manuel venait de dénoncer des actes attribués à un gouvernement occulte.

M. Benjamin Constant : « J'avais cité des faits graves, j'avais parlé de provocations à des actes de violence au sein de cette capitale; on cherche à distraire votre attention; et à propos d'un comptable, on l'occupe pendant une heure. Cela tient à l'intention où l'on est de ne pas vous laisser approfondir la question véritable, et de vous faire perdre un temps précieux... » (Des éclats de rire interrompent au centre et à droite.)

---

§ IV.

VIOLATION DU SECRET DES FAMILLES.

1822. 12 avril.

M. de Girardin : « L'administration actuelle paraissait attacher un prix extrême à connaître une correspondance qu'elle croyait être exactement suivie, et pour y parvenir, l'on dit qu'elle fit arrêter un courrier de la malle, à deux lieues au-dessus d'Orléans; toutes les lettres furent visitées, la voiture fouillée, et le courrier conduit dans la chambre d'une auberge dont je pourrais vous faire connaître l'enseigne... (*Voix à droite :* Le Grand Cerf, le Cheval blanc... On rit beaucoup à droite. *Voix à gauche :* Riez, riez...) On ne put parvenir à le convaincre de mensonge; il n'en perdit pas moins sa place. On pardonne difficilement à l'homme qu'on a injustement soupçonné. »

---

§ V.

AFFAIRE DU LIEUTENANT-COLONEL CARON.

1822. 22 juillet.

M. le général Foy : « Quand j'ai lu ces jours derniers dans les journaux, que *Caron* et *Roger* (*Voix à droite :* Ah! ah! il ose les nommer!) allaient être traduits comme embaucheurs devant un conseil de guerre... (*D'autres voix à droite :* Ce n'est pas la question!... Parlez du budget!... Vous êtes toujours prêt à défendre les rebelles!...) J'ai cru qu'il y avait erreur de la part du journaliste, et qu'on allait au contraire y trouver ceux qui, au cri de *vive l'empereur*, avaient embauché Caron et Roger. (*Plusieurs voix à gauche :* Cela devrait être ainsi... On rit beaucoup à droite; *des voix de ce côté :* Ce n'est pas là du nouveau!... Vous ne l'avez pas inventé!...) Par la plus incroyable des provocations, des soldats français, agissant par ordre supérieur, ont conduit un homme par la main à un crime consommé ; ils l'y ont conduit par une trahison, par un guet-à-pens. (*Voix à gauche :* C'est infâme!... *D'autres à droite :* Vous décidez en faveur des rebelles!... C'est la matière de l'instruction.) Messieurs, vous avez entendu M. le garde-des-sceaux; personne ne l'a interrompu; je lui réponds, pourquoi m'interrompez-vous ? » (*Grand nombre de voix à droite :* Parce que vous n'êtes pas dans la question..., etc.)

---

§ VI.

AFFAIRE LALLEMANT.

1820. 6 juin.

M. Benjamin Constant : « Que m'importe qu'on ait répondu à nos déclarations par des allégations vagues, à des faits par des dénégations, à des preuves par des menaces; que m'importe si des officiers déguisés, qui peut-être m'attendent à la porte et me choisissent pour victime... (Des murmures interrompent.) Je n'en remplirai pas moins mon devoir. Si les périls quoje signale se réalisaient, d'autres viendraient nous remplacer à cette tribune, et, j'ose le dire, malgré un système d'élection factice, malgré tous les subterfuges d'un ministère asservi, la Franee serait encore représentée, la France recouvrerait bientôt sa liberté; nous ne serions plus, mais nous aurions bientôt des successeurs; la France trouverait bientôt de dignes et vrais représentans... (*Voix à gauche :* Très bien, très bien... *Voix à droite :* C'est très-beau...) Je ne dis pas, Messieurs, que cela soit très beau, mais ce qui est bien moins beau, c'est de voir cette indifférence ironique ou ces interruptions tumultueuses, quand vos collègues ont été insultés, menacés, méconnus dans leur caractère et dans leur sûreté (1). »

HISTOIRE (UTILITÉ DE L').

1816. 13 février.

M. Roy : « Pour ne pas tomber en dissolution, la France a besoin d'un Gouvernement fort et puissant, qui ne soit exposé, pendant long-temps encore, à aucune commotion violente qu'elle ne pourrait supporter. Vingt-cinq années de révolution, et les agitations de l'esprit de parti ont altéré le caractère national, *affaibli l'autorité royale et l'amour de la patrie* et du bien général. » (Des murmures violens interrompent. *Une foule de voix :* A l'ordre! à l'ordre!)

La chambre décide que l'orateur sera rappelé à l'ordre.

1819. 29 janvier.

M. Manuel : « Avant la révolution, une nombreuse noblesse en couvrait le sol; elle formait une caste séparée dans la nation; au lieu de s'y fondre, au gré de la Charte, une partie de ses membres s'en isolent; ils répugnent au

(1) *V.* Députés.

nouvel ordre qui, du moment où ils ne siégent point sur le banc des pairs, les place individuellement dans les rangs du peuple. (Murmures d'improbation du côté droit.) Et le peuple à son tour s'isole des hommes dont les regrets et les vœux s'élèvent contre ses intérêts et ses droits. De la sorte ce qui doit être un, ne s'unit point, et des Français recommandables par le talent et la fortune, des citoyens qui, dans l'ordre constitutionnel, doivent concourir à la représentation commune, aspirant à une représentation isolée, se trouvent et se trouveront exclus de l'importante mission à laquelle ils doivent prétendre : les élections l'ont prouvé récemment, et chaque année elles en reproduiront la preuve. » (Une vive agitation se manifeste.)

---

§ Ier.

SOUVENIRS DE LA RÉVOLUTION.

1820. 7 juin.

M. Benjamin Constant : « Hier un citoyen très estimable, M. Dubief, bijoutier, connu par son attachement au roi et à la Charte, était sur la place de la Concorde. (Murmures à droite.... *M. de Puymaurin :* C'est une expression de la révolution.) Je dis sur la place Louis XV. J'avais improprement employé le mot de place de la Concorde, et je vois que ce mot ne convient pas à ceux qui m'interrompent... »

1821. 13 février.

M. de Vaublanc : « Toutes les fois qu'on fera ici l'éloge de la révolution, nous y opposerons tout ce que la révolution a enfanté d'horreurs et d'infamies. » (Vive adhésion à droite.)

1828. 29 avril.

M. de Conny : « Dans notre pensée, la révolution fut la puissance du mal, élevé à son plus haut degré. » (Vive adhésion à droite.)

---

§ II.

BIENFAITS DE LA RÉVOLUTION.

1820. 27 mai.

M. de La Fayette : « En m'abstenant par respect pour votre temps, de tracer ici un tableau, quelque rapide qu'il fût, de cet ancien régime si vanté, si regretté, il suffira de rappeler qu'une foule d'abus antiques, les oppressions héréditaires, la tyrannie sacerdotale, la servitude des vœux monastiques, l'aristocratie des corporations, les gênes intérieures du commerce, les taxes arbitraires de l'industrie, les priviléges, le monopole des emplois, la main morte des propriétés, les droits féodaux, les banalités, les dîmes, les vexations du droit de chasse, l'inégalité dans les contributions publiques et dans la distribution de la justice, la vénalité du droit de juger les citoyens, la procédure ténébreuse contre les armées, et l'nterdiction des conseils de défense, l'aggravation des supplices, la torture, et tant d'autres iniquités consacrées par les autorités religieuses et civiles, avaient disparu, soit en France, soit dans d'autres parties de l'Europe, devant cet étendard national, qui fut dans son origine, j'aime à le répéter ici, *le drapeau de la liberté, de l'égalité* et de *l'ordre public.* » (Mouvement à droite. *M. Castel-Bajac :* Nous ne reconnaissons pas le drapeau de l'usurpation.)

1821. 28 avril.

M. Benjamin Constant : « Je reconnais avec M. le rapporteur et avec plusieurs membres de ce côté, que depuis la révolution l'agriculture a fait d'immenses progrès. J'ai écouté avec plaisir les détails dans lesquels M. le rapporteur est entré pour prouver ce bienfait de la révolution. (Murmures à droite. *Plusieurs voix :* Parlez-nous de grains et non de la révolution.)

« Si je ne craignais de fatiguer l'assemblée, je vous relirais, Messieurs, les paroles de votre rapporteur, qui prouvent que c'est depuis la révolution que les propriétés, plus divisées, ont été mieux cultivées. » (De nouveaux murmures interrompent.)

....

---

§ III.

TRAVAUX DE L'ASSEMBLÉE CONSTITUANTE.

1819. 4 juin.

M. de La Fayette : « Les gardes nationales attendent le moment de redevenir constitutionnelles et rentreraient avec joie dans la loi de 1791, qui réunit les trois conditions essentielles : *Armement de la nation, subordination de la force armée à l'autorité civile*, et *nomination des officiers par les citoyens...* » (Des murmures s'élèvent à droite et au centre.)

1821. 21 mai.

M. Manuel : « La religion n'a pas été attaquée dans

l'assemblée constituante. (Murmures à droite.) Non, Messieurs, et ceux qui m'interrompent ignorent sans doute ce qui s'est fait à cette époque. La conduite du Gouvernement fut alors conforme à celle de tous les gouvernemens : on a repris les biens du clergé parce qu'ils appartenaient à l'État. (Nouveaux murmures à droite. *Plusieurs voix :* A la question.) On les a pris ainsi que l'ont fait tous les monarques de France et les monarques étrangers, toutes les fois que l'intérêt de l'État a paru l'exiger. (*Voix à gauche :* Cela est incontestable et de tout temps.) Avec cette différence que l'assemblée constituante l'a fait sous une forme légale, et qu'en reprenant les biens qui appartenaient à l'État, l'État a donné une indemnité suffisante. »

1829. 6 juin.

M. Victor de Tracy : « Par la raison que les opinions sont libres, la mienne aussi est libre, et je puis exprimer mon profond respect et ma vénération pour les nobles et importans travaux de l'assemblée constituante. » (Murmures à droite.)

M. le président : « N'interrompez pas ; les opinions sont libres. » (On rit à droite.)

---

§ IV.

SOUVENIRS DE 1815.

1819. 11 mars.

M. Courvoisier : « Il y a une chose qui excite véritablement les alarmes de la nation ; il y a une chose que la nation redoute en effet ; c'est le retour du régime de 1815. » (De violens murmures éclatent à droite.)

1819. 13 mars.

M. Manuel : « Lorsqu'en 1815 nous avons été témoins de tant d'excès... (Interruption à droite.) Comme je ne dis pas encore qui en fut la cause, ce n'est pas encore le moment de s'offenser du souvenir que je rappelle ici. »

---

§ V.

MASSACRES DU MIDI.

1815. 24 octobre.

Le projet en discussion suspendait indéfiniment la liberté individuelle.

M. Levoyer d'Argenson : « Est-ce sur des faits isolés, est-ce sur des rapports partiels que vous pouvez établir votre opinion ? les uns portent que des clameurs séditieuses, que des provocations à la révolte se sont fait entendre ; les autres ont déchiré mon ame en annonçant que des protestans ont été massacrés dans le Midi... »

(Ici la plus vive interruption éclate. *Une foule de voix* : « Cela est faux.... A l'ordre ! à l'ordre ! M. Bellart et un grand nombre de membres demandent la parole ; les cris à l'ordre se renouvellent ; M. Levoyer d'Argenson insiste pour être entendu. — Le rappel à l'ordre est prononcé à une assez forte majorité.)

1818. 4 avril.

M. Bignon : « La justice, Messieurs, n'exige pas toujours des actes de rigueur; son plus beau triomphe est de faire cesser les actes de rigueur qu'elle n'a pas pu empêcher... Suffit-il de jeter un voile sur les événemens de

Lyon, de Nîmes et de Marseille?... Faut-il jeter un voile, et un voile qui ne puisse jamais être levé, sur ces listes trop fameuses où ont été entassés des noms pris au hasard parmi vingt-huit millions de noms qu'on eût pu y placer au même titre... » (Les plus violens murmures interrompent... Les cris : *à l'ordre! à l'ordre!* s'élèvent à droite et se prolongent au centre. M. de Montcalm, d'un côté, et M. Voysin de Gartempe, se lèvent en demandant le rappel à l'ordre... *MM. Voyer d'Argenson, Dupont de l'Eure* : « Écoutez! écoutez! etc.)

---

§ VI.

TRAVAUX DE LA CHAMBRE INTROUVABLE.

1817. 15 janvier.

M. Courvoisier : « Si le Roi a dissout l'ancienne Chambre, c'est que, il faut le dire, la violente exaspération de sa grande majorité menaçait les Français de la violation de leurs droits et de leurs propriétés... »

(A ces mots le mouvement le plus vif éclate; les cris : *à l'ordre! à l'ordre!* se font entendre. MM. de Caumont, Cornet d'Incourt, Maccarthy, s'écrient : Rappelez l'orateur à l'ordre... L'agitation est extrême.)

1820. 23 mai.

M. Benjamin Constant : « Le remède de la dissolution aura été faussé; y recourir ne serait qu'une imprudence, il ne ferait qu'empirer le mal. L'on a cru répondre à cette objection en rappelant que les mêmes colléges, qui avaient nommé la Chambre de 1815, ont nommé ensuite celle de 1816, composée d'élémens très dissemblables, et empreinte d'un tout autre esprit. Mais qui ne voit, Messieurs, en examinant cette réponse, que cette différence s'explique par des circonstances qui, il faut l'espérer, ne se reproduiront plus. En 1815, la France était envahie par des troupes étrangères; auxiliaires de ces étrangers, des compagnies secrètes, des comités occultes pesaient sur tous les départemens.

« On égorgeait dans le Midi, on menaçait dans l'Ouest; les Anglais et les Prussiens occupaient l'Est et le Nord. Sous ces auspices, une Chambre fut formée par des colléges à peine composés d'un quart des électeurs; le reste avait fui... »

(*Plusieurs voix à droite* : Cela est faux... Longue et vive interruption.)

JEUNESSE.

1816. 15 février.

M. de Briges monte à la tribune.

« On a attaqué la jeunesse à cette tribune », s'écrie-t-il... (Des murmures l'empêchent de continuer).

1816. 29 février.

M. de La Rochefoucault : « Un orateur a dit un jour, sévèrement peut-être, que les jeunes gens parlaient souvent sans penser : c'est bien quelque chose que de penser sans parler, Messieurs, et ici les jeunes gens ont donné l'exemple de cette prudence et de cette circonspection... » (On demande à aller aux voix).

---

§ I.

ÉDUCATION PRIMAIRE.

1822. 25 juillet.

M. de La Borde lit une longue nomenclature de toutes les persécutions qu'éprouvent les maîtres des écoles pour exercer, et les élèves pour être admis au catéchisme et aux sacremens. On distingue dans le nombre des persécuteurs les évêques de Carcassonne et de Toulouse, l'abbé de la Mennais, le vicaire de Saint-Brieuc, les curés de Domfront, de Limoges, de Ribérac, etc., etc. » (Les murmures de la droite interrompent fréquemment cette lecture).

1828. 26 avril.

M. Thil combattait après M. Dupin la disposition de l'article 13 de l'ordonnance universitaire du 20 avril 1818. « Son effet doit être, disait-il, de placer l'instruction primaire dans les mains de corporations contre lesquelles je ne veux pas m'élever dans le moment actuel. » (Mouvement à droite.)

---

§ II.

ENSEIGNEMENT USURPÉ PAR LES CORPS RELIGIEUX.

1819. 10 juillet.

M. Manuel : « Il faudrait demander si ceux qui se mettent à l'abri de la juridiction de l'Université, malgré une loi qui défend formellement à aucun établissement d'instruction publique de se soustraire à sa surveillance... Quand on sait que, sous le nom de Pères de la foi, divers établissemens... » (Murmures du côté droit.)

1820. 19 mai.

Les docteurs en médecine de la faculté de Montpellier demandent le rétablissement du concours pour les chaires qui viendront à vaquer dans les facultés de médecine. Les élèves de la même faculté, dans une pétition particulière, s'unissant au vœu de leurs professeurs, font la même demande. (La commission propose l'ordre du jour sur la demande des élèves.)

M. B. Constant : « Je suis un peu étonné, je l'avoue, de voir jeter des soupçons sur une jeunesse studieuse. Je sais bien qu'on voudrait que les mêmes hommes, de qui on exige à vingt ans de défendre la patrie, ne pussent pas s'occuper à vingt-ans des intérêts de cette même patrie. »

M. de Marcellus : « Si ces jeunes gens auxquels notre avenir est confié recevaient et suivaient de sages conseils, ce n'est point dans cette trop orageuse arène de nos débats qu'ils feraient retentir leurs réclamations; ils sauraient apprécier la saison fortunée mais trop courte de la vie, qui, leur faisant un heureux devoir de se renfermer dans les douces et paisibles occupations de l'étude, prépare ainsi pour le pays, dans la fleur de leurs plus belles années, les fruits utiles de l'âge mur; ils se reposeraient avec confiance sur la paternelle sollicitude de leur Roi et ne songeraient qu'à y répondre par leurs nobles efforts, leur fidélité et leur amour. (La chambre adopte lesconclusions de la commission.)

1821. 22 mars.

M. le général Sébastiani : « Je me résume : tout en

régularisant dans les comptes les dépenses qui ont été faites, nous devons arrêter dès son début le développement du système qui tendrait à confier l'enseignement de la France aux corps religieux. » (Vive agitation à droite.)

1826. 26 mai.

M. Casimir Perrier : « S'il était vrai que des ambitieux, faisant partie de cette congrégation, se fussent emparés de ce jeune clergé qui, comme le dit M. d'Hermopolis, a encore trop peu d'instruction et trop peu de lumières; s'il était vrai qu'ils se fussent, à son insu, emparés, dans des vues politiques, de l'instruction de la jeunesse destinée un jour à prêcher la parole de Dieu, quel danger ne pourrait pas courir la tranquillité du pays !

« C'est ainsi qu'est en partie composé le clergé de ces missions qui parcourent les départemens. Attendez donc que leurs têtes soient plus froides, que leur expérience se soit mûrie; attendez que leur instruction soit plus complète, et ne les envoyez pas prêcher aux peuples ce qu'ils ne savent pas encore, d'après vos propres aveux. » (Murmures prolongés.)

1826. 27 mai.

M. Casimir Perrier : « Comment voulez-vous que les jeunes gens puissent être élevés dans les principes de l'obéissance aux lois, lorsque ceux qui les enseignent existent contrairement aux lois ? » (Des murmures s'élèvent.)

1828. 21 mai.

M. Dupin aîné : « Messieurs, cette ordonnance (qui chasse les jésuites de l'enseignement) est chère, surtout à la nation, en ce qu'elle constate l'état des faits comme elle déclare les principes. Elle donne raison à tout le peuple français. » (*Voix à gauche :* Très-bien. Murmures à droite.)

---

§ III.

BASES DE L'ENSEIGNEMENT.

1820. 17 juin.

M. de Puymaurin : « A Dieu ne plaise que je veuille appeler la rigueur du Gouvernement sur cette jeunesse généreuse que l'on a égarée par de perfides éloges et de pernicieux conseils. Je le supplierai, au contraire, d'user d'autant d'indulgence envers ces victimes de la séduction que de sévérité envers ceux qui l'ont séduite. A peine éloignés de la puissance paternelle, ces jeunes gens, livrés à eux-mêmes et pénétrés de la dignité de leur nouvelle situation, auraient été disposés à recevoir toutes les impressions, les plus favorables au maintien de nos institutions. Mais des chaires, fondées par le restaurateur des sciences, François Ier, retentissent des maximes les plus subversives de la monarchie. On a dit aux jeunes élèves, *que l'insurrection est la dernière ressource du peuple, comme le canon est la dernière raison des rois, que l'Évangile est trop sévère, et que la morale des anciens lui est préférable.* Enfin, des chaires deviennent la sentine de toutes les idées révolutionnaires et de l'athéisme : on leur parle toujours de Sparte et d'Athènes, de Brutus et de Caton, pour détruire dans leur cœur l'amour du Roi, de la Charte et de la légitimité; on égare leur imagination; mais cette erreur ne sera que passagère; Français, attachés à leur patrie, à leur Roi, ils aimeront, ils défendront un jour la royauté, la Charte et la légitimité. Le Gouvernement oubliera ces erreurs d'un moment, et portera sa juste surveillance sur ceux qui, payés par lui, abusent de ses bienfaits pour égarer une bouillante jeunesse. Pédagogues jacobins, ils veulent substituer le règne des échafauds à celui de la bonté, et remplacer par de farouches tribuns le meilleur et le plus clément des rois.

(*Voix à gauche* : « L'impression! l'impression! *Voix à droite* : Pourquoi riez-vous? Sans doute l'impression... L'impression est mise aux voix et prononcée... (On rit.)

---

§ IV.

DANGERS DE L'INSTRUCTION.

1821. 20 juillet.

Il s'agissait du nombre de bourses des colléges.

M. de la Bourdonnaye : « Lorsque la presse, *déjà si funeste*, reçoit chaque jour des accroissemens multipliés par cette foule de jeunes gens qui, à peine sortis des écoles, viennent vomir dans la société les poisons qu'ils y ont reçus... (Des murmures interrompent. *Voix nombreuses à droite* : Cela est très vrai... Cela est très vrai.)

« Tous pensaient avec la commission qu'il était nécessaire de mettre un terme aux abus, d'empêcher que les hommes de la révolution ne disposent de ceux qui, n'ayant pas dans la société cette portion de fortune nécessaire pour y vivre sans aucun travail, profitent de l'éducation gratuite qu'ils ont reçue pour chercher à s'élever, et viennent demander des places pour exister. Ces places, on ne peut les leur donner; et voilà les jeunes gens obligés de devoir leur existence à cette malheureuse habitude d'écrire qui sert à envenimer tout ce qu'il y a de bon dans la société, et à détruire tous les principes de morale, de religion et de gouvernement»... (Nouveau murmure d'adhésion à droite.)

1828. 28 mai.

M. B. Constant : « Messieurs, il n'y a jamais que des masses ignorantes qui commettent des crimes. » (Interruption à droite).

---

§ V.

PROFESSEURS.

1823. 15 février.

M. de Chauvelin : « Les lois qui ont établi l'Université ne permettaient pas que les professeurs fussent destitués sans jugement : les lois qui voulaient que les professeurs fussent nommés au concours, sont sages, prévoyantes en elles-mêmes, car elles sont fondées sur les besoins de l'humanité et sur l'intérêt de la société. Vous avez repoussé arbitrairement des hommes tels que les Desgenettes, les Dubois, les Chaussier, sans que le public, qui recevait d'eux continuellement des secours et qui se regardait comme sous leur égide, comme sous leur tutelle, sût pour quel motif et à quelle fin vous les aviez fait disparaître de leur chaire. Les professeurs qui sont arrivés à leur place ont, je le veux croire, d'autres titres que ceux de la faveur ; mais on pourrait les leur contester, car ils n'ont pas subi l'épreuve du concours ; ils n'ont pas gagné leurs chaires comme leurs respectables prédécesseurs. Vous voyez, par ces motifs, combien votre acte soutient peu la discussion. Mais il y a quelque chose de plus fort contre lui, et l'opinion publique l'a unanimement désapprouvée. » (*Voix à droite* : Non, non, elle l'a approuvé, au contraire... Murmures prolongés.) (1)

(1) *V.* Ci-dessus 1820, 19 mai.

JOURNALISTES.

1822. 11 janvier.

M. de Chauvelin : « A Dieu ne plaise que je veuille me livrer à un combat de plume avec les journalistes : je les respecte tous dans l'emploi difficile et périlleux qu'ils exercent. (On rit à droite.) Je respecte le courage qu'ils ont d'écrire tous les jours. Il y a bien des gens qui ne voudraient pas signer tous les jours des articles sur la politique. » (On rit beaucoup.)

1827. 11 février.

M. de Sallabéry : « Chaque journaliste est l'organe de l'opinion publique qu'il fait lui-même, qu'il façonne à ses passions ou à son intérêt. Un prince trop fameux a donc mis toutes les opinions à leur valeur quand il les estima collectivement un écu. » (On rit.)

JOURNAUX.

1827. 7 février.

M. Hyde de Neuville : « Le mot *journaux* fait peur, à ce qu'il paraît, à M. le président du conseil ; le mot *journal* est pour lui ce qu'est l'eau sainte pour l'esprit des ténèbres. » (Rires et murmures.)

1828. 29 mai.

M. de Kératry : « Quand je vois une loi demander qui

possède dans un journal, qui n'y possède plus, qui le remplace, comment il se nomme, où il demeure, je me sens involontairement transporté à l'une des époques les plus sinistres de la révolution. » (Violentes rumeurs à droite.)

1828. 10 juin.

M. le général Sébastiani : « Après avoir déclaré les journaux des entreprises commerciales, vous ne voulez pas qu'elles subsistent dans toutes leurs conséquences... Et vous ne craignez pas d'y toucher, de les remanier, de leur faire prendre une nouvelle forme, de les faire coucher sur le lit de Procruste ! » (Murmures à droite.)

1828. 11 juin.

M. Méchin : « M. le garde-des-sceaux a reconnu avec tous les amis du Gouvernement représentatif, que les journaux étaient un besoin de la société. » (Interruption à droite.)

---

§ I.

DANGER DES JOURNAUX.

1820. 25 mars.

M. de Chauvelin : « On examina si dans un État où le pouvoir est si étendu, et s'est réservé tant de moyens d'oppression, il n'était pas utile de conserver des garanties aux citoyens ; on se demanda si la première de toutes n'était pas la liberté de la presse, secondée par l'admirable invention des journaux (1). (On rit au centre et à droite.)

(1) La liberté de la *presse* a été proclamée par la CHARTE comme un

« Il est des personnes à qui les journaux semblent donner des crispations ; je ne sais quelle idée si flatteuse ils s'étaient faite de leur propre mérite, et quel prix ils attachent à un repos que rien ne puisse altérer un instant ; mais ils ont pour les journaux une horreur qu'on ne peut comparer qu'à la plus affreuse maladie qui puisse affliger l'humanité ; ils ont pour les journaux cette horreur de l'eau qu'éprouvent les seuls hydrophobes... (Un mouvement d'agitation interrompt.)

« Vous en avez vu récemment une preuve bien remarquable, lorsque anticipant sans cesse sur une décision de la Chambre et interprétant votre réglément, on a relégué les journalistes si loin de vous, que l'on pourrait dire, sans injustice, que de l'horreur des journaux on a passé à l'horreur même des journalistes... » (On rit, et quelques murmures s'élèvent.)

1822. 22 janvier.

M. Royer-Collard : « La publicité est une sorte de résistance aux pouvoirs établis, parce qu'elle dénonce leurs écarts et leurs erreurs, et qu'elle est capable de faire triompher contre eux la vérité et la justice. Elle est la plus énergique des résistances, parce qu'elle ne cesse jamais ; elle

droit acquis à tous les Français. En les obligeant à se conformer aux lois qui en doivent réprimer les abus, la Charte n'a point entendu en rendre la jouissance impossible. C'est en torturant son texte qu'on est parvenu à obtenir cet aveu de la majorité : que prévenir et réprimer étaient deux expressions corrélatives, et à côté de la liberté de la *presse* on a placé la *censure préalable*, non pas pour en tempérer le développement, mais pour en arrêter le premier germe. Ainsi, la plus précieuse de nos libertés, celle-là seule qui les contient toutes, a été rendue illusoire et le *côté droit* n'a eu d'autre excuse que l'impossibilité pour lui de séparer l'abus de l'usage. Ce principe a eu trop souvent son application pour qu'on doive espérer qu'il l'abandonne.

(Voir entre autres les mots *censure*, *sûreté*.)

est la plus noble, parce que toute sa force est dans la conscience morale des hommes. Envisagée sous ce rapport, la publicité est une institution, une liberté publique; car, Messieurs, les libertés publiques ne sont pas autre chose que des résistances. » (Mouvement à droite. *Voix à gauche* : Cela est évident !)

---

§ II.

UTILITÉ DES JOURNAUX.

1820. 8 juillet.

M. le Ministre des affaires étrangères : « Le ministère a cru très nécessaire de faire imprimer l'opinion de ses membres dans les journaux qui n'avaient pas pour habitude de les imprimer, mais qui imprimaient les opinions précisément contraires... »

JORNAUX VENDUS AU GOUVERNEMENT.

1824. 12 juillet.

M. de la Bourdonnaye : « Je ne vous ai parlé, Messieurs, que d'un seul journal; que serait-ce si j'avais voulu vous rapporter l'histoire si scandaleuse du *Pilote*, dans laquelle le Gouvernement a été pris sur le fait; j'ai ici une pièce authentique. (Murmures à droite et au centre. *Plusieurs voix:* A la question! à la question!.. *M. de Girardin* : Lisez! lisez!..) M. le Ministre prétend que son administration est étrangère aux affaires des journaux. Vous allez en juger. Pour l'intelligence du fait, il faut que vous sachiez quelles sont les formalités à remplir pour établir un journal. (*Grand nombre de voix:* Allons donc!.. Ce n'est pas la question!.. (1) Au budget!..) Je prouve que les ministres font un mauvais emploi des fonds qu'ils nous demandent. Toutes les

(1) *V.* Discussions. Rappel à la question.

fois qu'un propriétaire de journal..» (*Plusieurs voix.* A la question!.. à la question!.. La clôture. M. de la Bourdonnaye ne peut parvenir à se faire entendre.)

JURY.

1821. 2 février.

M. Alexandre Lameth : « En voyant monter M. le garde-des-sceaux à la tribune, il n'est personne qui ne se soit attendu qu'il allait nous promettre l'institution qui est annoncée depuis long-temps par le ministère lui-même (le jury.) M. le garde-des-sceaux n'a pas dit un mot qui puisse nous rassurer à cet égard; il a attaqué l'assemblée constituante.

(*Voix à droite*: Ah! ah! nous y voilà! De longs murmures interrompent.)

« Messieurs, je m'honorerai toujours de parler de l'assemblée constituante, et je n'aurai jamais besoin d'en prendre la défense hors de cette enceinte. (*Voix à gauche*: Très-bien.)

« M. le garde-des-sceaux a éloigné toute espérance d'avoir le jury. Je crois donc que l'assemblée doit témoigner au ministre que son désir formel est que l'institution du jury soit présentée dans cette session.» (Murmures à droite.)

1821. 6 juillet.

M. Girardin : « La censure a souvent refusé de laisser insérer dans les journaux les noms des juges et surtout ceux des jurés. (*Voix à droite*: Elle a bien fait.) On craignait apparemment d'apprendre au public la partialité qu'on avait apportée dans leur choix, et de lui fournir la preuve que les mêmes personnes avaient exercé plusieurs fois les fonctions de juré dans la même année. » (Sensation à gauche.)

JUSTICE (ADMINISTRATION DE LA).

1815. 27 octobre.

Discussion du projet sur les peines à infliger aux auteurs des attentats contre l'ordre public.

M. Piet termine en présentant une rédaction qui substitue la peine de mort à celle de la déportation pour les cas prévus par l'article 1er. (Cet avis est vivement appuyé.)

1815. 28 octobre.

M. Serres... « Forcez les peines; les juges et les jurés se refuseront à les appliquer. Le temps et l'expérience nous l'ont appris : toutes les fois qu'une loi semble avoir été dictée par la passion.... » (De nouveaux murmures interrompent.)

Un membre : Il n'y a point ici de passion.

Un autre : Il s'agit de la justice, de la tranquillité de la France.

1819. 22 mars.

M. Jobez : « Deux habitans d'Avignon demandaient la dissolution de la garde nationale de leur ville. Leur pétition était fondée sur les abus dont elle s'était rendue coupable. Que d'abus intolérables n'a-t-on pas signalés dans les conseils de discipline de la garde nationale, dont les pouvoirs et la compétence sont inconnus ou illimités, dont les décisions, prononcées à huis-clos, sont en définitive comme sans appel; tribunaux d'exception établis par de simples ordonnances.... Qui croirait que ces conseils ont porté l'abus de pouvoir jusqu'à se permettre de juger et de condamner des actes qualifiés *de révolte et de provocation à l'insurrection*!» (Des murmures se font entendre du côté droit.)

1821. 23 juin.

M. Benjamin Constant : «Un homme intente un procès à un soldat; il doit se présenter, assigner des témoins, instruire ses avocats. Il est cité le soir à sept heures pour le matin du jour suivant; plusieurs de ses témoins sont absens, ses avocats ne sont pas instruits; ils réclament un délai, on le refuse; ses avocats, réduits à parler sans préparation, veulent le défendre, le rapporteur s'y oppose; on exige que lui-même, étranger aux lois, fasse valoir sa plainte. Il invoque l'appui de ses conseils, ses organes naturels et légitimes; on leur impose silence; son adversaire plaide seul, et le plaignant est condamné... (Des murmures s'élèvent à droite. *Un grand nombre de voix*: Les preuves, les preuves!...) Cet homme était un père. (*M. de Corcelles.* C'est Lallemand... *Voix à droite*: Nous le savions bien; c'est pour cela qu'on a fait le discours.) C'était un père qui ne voulait que sauver l'honneur de son fils, d'un fils qui avait péri.»

M. de Puymaurin : «Vous nous faites là la chronique scandaleuse de la sédition du mois de juin.... Vous feriez bien mieux de n'en pas parler.»

MINISTRES.

La personne du Roi est inviolable et sacrée. Il n'y aurait plus de stabilité possible, du moment où son nom pourrait être jeté, comme le *dernier mot* dans l'arène des débats politiques. Il faut qu'un pouvoir invariable en vienne modérer la violence, et que respect soit dû à ses décisions. Mais à côté de ce principe conservateur il en est un autre qui impose au pouvoir qui administre la responsabilité de ses actes; c'est la seule ligne de démarcation placée entre l'autorité *royale* et l'autorité *ministérielle*; c'est la première des garanties qui puisse être donnée aux administrés. La CHARTE n'en a pas méconnu le besoin. Mais en déclarant que des lois particulières spécifieraient la nature des délits et en détermineraient la poursuite, elle a malheureusement rendu ce principe illusoire. Le *côté droit* est allé plus loin, il n'a pas voulu qu'on l'invoquât, alors même que le temps était arrivé de demander les lois promises par la CHARTE.

1822. 12 mars.

M. *Sireys de Mayrinhac* : « Espérons que les ministres que la Providence a accordés au Roi (1) (Mouvement à gauche. *M. de Lameth* : C'est trop fort! *Plusieurs voix à droite* : Oui, oui... *M. de Corcelles* : Par la grâce de

(1) Voilà de ces faits qu'il faut rapporter textuellement, sous peine de dérouter les croyans les plus opiniâtres. Est-ce bien au XIXe siècle, dans une chambre l'élite du pays, que ces paroles se sont fait entendre? des ministres *par la grace de Dieu !*... Qu'on dise après cela qu'ils sont responsables !... C'est par réminiscence sans doute que la QUOTIDIENNE soutenait dernièrement que c'est insulter le Roi que d'attaquer le choix des ministres. La QUOTIDIENNE s'est trompée : sa mémoire ne l'a pas bien servie. Attaquer un ministère qui gouverne par la *grace de Dieu*, c'est blasphémer la divinité. — Pourquoi ceux qui ont présenté la loi du sacrilége, ne se sont-ils pas appuyés de ce précédent ?

Dieu!), sauront trouver dans leur dévouement aux vrais intérêts de la monarchie, et dans leur amour pour la France, les moyens heureux de satisfaire et le monarque et les sujets. »

1827. 10 mai.

M. le comte de Preissac : « Pour nous, qui voyons dans les fautes du ministère les principales causes des difficultés du moment, nous dirons au contraire aux amis qui restent : Réunissez-vous à nous pour faire entendre au ministère que le seul service qu'il puisse rendre aujourd'hui, c'est de se retirer (On rit beaucoup à droite et au centre.); c'est de laisser les rênes de l'État à des mains plus habiles et moins compromises... » (Agitation prolongée.)

1828. 2 mai.

M. B. Constant : « La tendance de l'administration doit nous inspirer encore quelque inquiétude. La faute en est au ministre qui laisse subsister vivante toute l'administration subalterne qui pèse sur la France, et qui la menace encore. » (Exclamations à droite.)

1829. 4 mai.

Il s'agissait de dépenses extraordinaires faites par M. de Peyronnet.

M. Marchal : « Tous les mémoires des ouvriers et fournisseurs qui concourent a composer cette somme de 179,000 fr. sont dus en entier ; ils ne présentent aucune déduction pour la valeur de l'ancien mobilier qui a été enlevé; les comptes, d'ailleurs, ne présentent aucune recette pour cet objet, d'où je suis impérieusement amené à conclure que M. de Peyronnet a distrait et détourné à son profit... (De violens murmures interrompent à droite et au centre... (*Voix à gauche* : Écoutez, écoutez... vous répondrez. L'orateur répète le membre de phrase interrompu. Même mouvement.)

---

§ I.

RESPONSABILITÉ DES MINISTRES.

1821. 23 février.

M. Donnadieu : « Me refusez-vous donc la parole parce que je veux accuser les ministres... (*Au côté droit* :) Eh quoi! la France vous a-t-elle envoyés ici pour défendre les ministres? Je les déclare coupables ; ce sont eux qui sont les auteurs des insurrections dont ils parlent... (Les plus violens murmures interrompent de la droite et du centre. *Voix à gauche* : Mais laissez-le parler... vous répondrez.)

M Donnadieu : « Il est donc décidé que je ne pourrai jamais user du droit de parler dans cette Chambre... » (*Une foule de voix* : Consultez la Chambre... *La clôture! la clôture!*)

1822. 13 juillet.

M. Ternaux : « Comment ces ministres ne sont-ils pas déjà mis en accusation?... (Les plus violens murmures interrompent à droite... *Plusieurs voix* : Accusez, accusez donc!...) Il n'y a point de loi qui détermine leur culpabilité, je le sais ; mais, hélas! n'est-il pas aussi insensé d'attendre qu'ils nous en proposent une, qu'il l'est d'attendre la réforme des abus de la part de ceux qui en jouissent ? »

1827. 7 mai.

M. Lafitte : « Si j'étais député de Paris, je proposerais l'accusation des ministres. »

Voix nombreuses : Que ne la proposez-vous ?.....

M. Lafitte : « Que quatre députés se présentent pour signer l'accusation, et je signerai le premier. »

MM. Labbey de Pompières, Méchin, B.-Constant, Petou, de Thiard : « Et moi aussi ! »

(Une vive agitation règne dans l'assemblée.)

M. le garde-des-sceaux de son banc: « Dressez l'acte...»

(M. Lafitte reprend la phrase interrompue... De nouveaux murmures s'élèvent.)

1827. 18 mai.

M. B.-Constant : « Quelle est donc cette administration qui se trouve en guerre avec toutes les classes de la société, avec les individus comme avec les masses, avec les pouvoirs constitués comme avec les citoyens, avec les pairs, la magistrature, l'académie, la garde nationale ? » (Murmures.)

1829. 4 mai.

M. B.-Constant : « Quoi ! l'on vous demande de solder des dépenses que les ministres ont occasionnées, et ils sont sous le poids d'une détermination de cette Chambre, et une commission vous a dit qu'il y avait contre eux des présomptions graves ! S'ils se taisent, que leur silence au moins soit entendu, apprécié ! Que la France sache qu'il dépendait d'eux de faire éclater leur innocence, s'ils se sentaient innocens, et que, renonçant à cette faculté, ils s'avouent coupables ! » (Murmures a droite. *A gauche* : C'est vrai.)

1829. 17 juin.

M. Dupont de l'Eure : « Que le précédent ministre de l'intérieur, M. Corbière, se soit fait allouer chaque année une somme de deux millions pour sa police secrète, si l'on veut bien apprécier les moyens qu'il était obligé d'employer pour faire marcher le gouvernement occulte qu'il appliquait à la France, et ce que devaient lui coûter la direction des élections, la censure, la congrégation, et cette armée d'agens secrets, commandée sous ses ordres par MM. Franchet et Delavau (Murmures à droite), on a peine à comprendre comment il pouvait suffire à tout et satisfaire aux exigences de toutes les parties prenantes, auxquelles étaient distribués les deux millions. »

PAYS (SENTIMENT DES BESOINS DU).

1821. 12 mai.

M. Bignon : « Je suis bien fâché de ne pouvoir être d'accord avec M. le rapporteur de la commission sur ce qu'il appelle le vœu de la France. Il me permettra de lui représenter que, d'après le mode actuel de la composition des conseils géneraux, il s'en faut de beaucoup qu'un vœu exprimé par eux puisse être considéré comme un vœu national. » (Murmures à droite. *A gauche* : C'est très vrai! très vrai!)

1829. 21 avril.

M. B. Constant : « Qu'il n'entre dans la Chambre des pairs que des hommes capables d'en soutenir l'éclat, et ne venez pas mendier du peuple de quoi créer une aristocratie. » (Murmure et interruption à droite.)

---

§ I.

AMÉLIORATIONS.

1818. 31 mars.

M. Lainé de la Villevêque : » Nous appelons l'attention de la Chambre sur l'inconstitutionnalité des droits de détail. (Des murmures interrompent).

«Cette immense inégalité provoque la fraude.. elle arme les citoyens contre les employés. (De nouveaux murmures, interrompent.) Conserverez-vous . . . un mode de perception... qui tôt ou tard peut occasionner une terrible explosion et d'affreuses vengeances?» (De violents murmures s'élèvent. *Plusieurs membres* : On ne peut entendre de telles expressions.)

1820. 19 mai.

M. Ternaux : « Quels avantages la France doit-elle au ministère des affaires étrangères, par exemple? Quels sont les traités de commerce qui ont favorisé notre agriculture et notre industrie? L'a-t-on vu, par des alliances avantageuses et par l'habileté de ses négociations, replacer la France au rang qu'elle doit tenir parmi les nations de l'Europe? L'a-t-on vu, en échange de la puissance continentale, que 20 ans de victoires nous avaient acquise, demander la liberté et l'égalité du commerce de mer? (Des murmures s'élèvent au centre et à droite.)

« Ne pouvons-nous pas demander également au ministère de la justice, si depuis la restauration il a su améliorer notre législation? Pourquoi il ne nous a pas proposé une loi réformatrice du Code de commerce, particulièrement pour ce qui est relatif aux faillites? (*Voix au centre* : Tout cela est hors la question.)

«Ne pouvons-nous pas demander au ministre de l'intérieur pourquoi, à la place des jurandes, des maîtrises et des corporation, dont la révolution a fait justice, il n'a pas cherché à substituer de fortes mesures de police, relatives aux manufactures et au commerce en gros et en détail; des mesures qui, en écartant la licence et les abus, lui assurent la liberté ? (Mêmes interruptions. ... Un mouvement d'adhésion éclate à gauche : *Bien*! *bien*!)

«Ne pouvons-nous pas demander au ministre de l'intérieur, pourquoi, lorsqu'il a vu que les missions portaient avec elles le germe de la discorde civile, il ne les a pas arrêtées?» (La droite éclate en murmures, en même temps que la gauche en signès d'adhésion.) (1)

1821. 21 juillet.

M. Labbey de Pompières : « Messieurs voulez-vous des économies? (*Voix nombreuses* : Oui, sans doute.) Eh bien! il n'y a que la spécialité qui puisse y conduire...» (*Voix à droite* : Nous voulons des économies, mais non pas administrer.)

AGE DES DÉPUTÉS.

1829. 16 mars.

Le sieur Emmanuel de Las Cases (du Finistère), à Paris, demande que l'art. 38 de la Charte soit révisé en ce qui touche l'âge d'éligibilité.

On se plaignait au côté droit de l'étendue du rapport.

M. Jars. « La commission m'a chargé de vous faire ce rapport; il me semble qu'en vous rendant compte en son nom d'une pétition, je dois vous faire connaître tout ce

(1) *V*. Droits des Députés.

quelle renferme. » (*Voix à droite* : Cela n'est pas nécessaire... c'est trop long.)

La commission proposait le dépôt au bureau des renseignemens.

M. de Laborde, sur la même pétition, après avoir été interrompu en parlant de cette jeunesse si pleine d'ardeur, de zèle et de lumières, ajoutait : « Croyez que, sans préjuger en rien la question, sans porter aucun préjudice aux principes même de nos institutions, il est possible, comme vous le propose M. le rapporteur, de renvoyer la pétition au bureau des renseignemens. » (*Voix à droite* : Non, l'ordre du jour.)

L'ordre du jour est adopté.

1829. 30 mars.

M. de Formont : « Messieurs, on ne saurait introduire dans notre droit public le principe de l'élection appliquée à l'administration, sans entrer dans les voies de la souveraineté du peuple. Justement effrayés des conséquences de l'adoption de ce principe dans les deux projets de loi proposés, mes honorables amis et moi nous le repoussons de toutes nos forces, et nous ne pouvons accepter ni l'un ni l'autre projet. » (Sensation, adhésion prononcée à droite.)

ARMÉE.

1829 29 juin.

M. le général Matthieu Dumas. « J'espère qu'on cessera de retenir nos troupes dans l'oisiveté des garnisons, et qu'on sentira la nécessité de faire rentrer les soldats dans la classe des citoyens producteurs. » (Murmures à droite.)

M. Dumas voulait qu'on les employat à des travaux militaires, en les faisant soigner les points de défense et préparer les camps retranchés.

ASSEMBLÉES D'ÉLECTEURS.

1829. 21 mars.

M. Marchal : « Le droit d'association est une des parties les plus précieuses de la liberté. » (Clameurs à droite.)

CLERGÉ.

1829. 3 juin.

M. Moyne. : « Le Gouvernement n'a-t-il pas le droit d'exiger que ceux qui se destinent au sacerdoce ne soient pas imbus des principes ultramontains, et que les autres qui ambitionnent des places soient bien pénétrés du principe de nos institutions? » (Murmures à droite et au centre.)

1829. 10 juin.

M. Dupin aîné : « Vous tenez le clergé du second ordre dans une dépendance qui lui devient insupportable : son état est précaire ; il se plaint partout de la tyrannie avec laquelle on le transplante d'un endroit dans un autre ; on le destitue, on lui inculpe des doctrines qui ne sont pas celle de l'Eglise gallicane. (Agitation à droite. A *gauche* : Attendez le silence.)

« Ce matin encore deux ecclésiastiques sont venus chez moi ; (*A droite* : Ah ! ah !) ils sont en plein exercice, mais ils se plaignent de la tyrannie qui pèse sur eux. » (Murmures à droite.)

SECRETS DES FAMILLES.

1828. 3 mai.

M. Dupont (de l'Eure) venait de demander à M. de Vaulchier de déclarer sur l'honneur, si le *cabinet noir* a ou non jamais existé, et cette demande avait provoqué une longue agitation au côté droit.

M. de Vautchier : « Il ne convient ni à moi, ni à vous, que je joue ici le rôle d'un accusé. Cette tribune n'est pas une sellette, et je ne m'y laisserai pas traduire. (Vive adhésion à droite.) Je l'ai déjà dit, je suis prêt à répondre devant toute autorité compétente, avec autant de vérité que de franchise, et voilà la seule réponse que j'ai à faire à mon honorable collègue. » (Bravos à droite, agitation prolongée.)

---

§ II.

PREUVES DE PATRIOTISME.

1815. 23 octobre.

Discussion du projet relatif à des mesures de sûreté générale.

M. de Vaublanc, ministre de l'intérieur. « A côté de l'immense majorité de Français dont vous venez si noblement, Messieurs, de vous rendre les interprètes, il est une minorité turbulente, factieuse, ennemie des lois, ennemie du repos, ennemie d'elle-même; l'ordre lui pèse, la tranquillité est son supplice.... Que la majorité s'endorme quelques instans, la minorité triomphe et nous replonge dans un abîme de calamités.. . Portez donc cette loi indispensable, Messieurs, et avec elle protégez, non-seulement la majorité des Français contre la minorité, mais la minorité contre elle-même. (De très-vifs applaudissemens éclatent de nouveau.)

« Et quelle était cette loi indispensable : on en jugera par le premier article : « Tout individu, quelle que soit sa profession civile, militaire ou autre, qui aura été arrêté comme prévenu de crimes ou délits contre la personne ou l'autorité du Roi, contre les personnes de la famille royale ou contre la sûreté de l'Etat, pourra être détenu jusqu'à l'expiration de la présente loi, si avant cette époque il n'a été traduit devant les tribunaux. »

1818. 4 avril.

M. Bignon : « Faut-il jeter un voile sur cette loi de 1816.... Qu'il serait beau à ceux qui proposèrent cette loi d'en demander la révocation! (Des murmures violens s'élèvent à droite. Quelques voix *avec une extrême chaleur* : Jamais! jamais! à l'ordre! à l'ordre!.... *D'autres* : Les lois existent; respectez les lois.... A l'ordre!)

1820. 20 mai.

M. Mounier-Buisson : « Que si des hommes bien prévoyans, bien éclairés sur les effets de la loi proposée (celle des élections), parviennent à me montrer que tout le salut du gouvernement représentatif est sous le maintien rigoureux de l'art. 7 de la loi du 5 février, trop convaincu qu'une plus longue épreuve peut attaquer la monarchie jusqu'au cœur, ma dernière réponse serait celle-ci :

« Sauvez le monarque, sauvez la monarchie; en les sauvant, vous sauvez la France, vous sauvez les Français. »

(Un mouvement général d'adhésion se manifeste au centre et à droite.)

1820. 6 juin.

M. Manuel : « Y a-t-il parmi vous, Messieurs, quelques membres qui aient eu à se plaindre hier de mauvais traitemens? Je les adjure de le dire. Pourquoi? n'est-ce pas parce que des corps armés avaient été consignés hier dans leurs casernes? N'est-ce pas parce que les provocateurs ni les assassins n'étaient plus là.... » (Le mouvement le plus violent interrompt à droite.... Les cris *à l'ordre!* *à l'ordre!* se font entendre... Une foule de membres de la droite se lèvent.... M. d'Ambrugeac monte vivement à la tribune.)

M. d'Ambrugeac : « J'avais envie, en montant à la tribune, de demander le rappel à l'ordre de l'orateur assez imprudent pour donner une telle qualification à des militaires français; mais je ne le demande plus, parce que ma voix s'étendra au-delà de cette enceinte; elle parviendra à des oreilles accoutumées à l'entendre, à des cœurs faits pour apprécier leurs devoirs; elle leur dira : Soldats français, soldats de la garde, la calomnie ne peut rien contre l'honneur. Notre seule réponse est dans le plus profond mépris. » (Un mouvement général d'assentiment et de vives acclamations se font entendre dans toute la droite et au centre.)

1822. 23 janvier.

M. le garde-des-sceaux : « Puisque la démocratie se fait sentir partout et qu'on l'avoue, il est peu conséquent, avec de semblables pensées, de conclure qu'il faut désarmer le pouvoir menacé, qu'il faut donner de nouvelles armes et une nouvelle influence à cet élément qui deborde et qui menace de tout envahir. » (Marque d'approbation à droite.)

1822. 11 mars.

Le sieur Sauquaire-Souligné, de Paris, se plaint des perquisitions faites chez lui nuitamment, sous prétexte de chercher les sieurs Duvergier et Delaverderie, évadés de Sainte-Pélagie.

M. de Girardin : « Des criminels qui recouvrent la liberté par de semblables moyens, répandent dans toute la société une inquiétude justement fondée.

« Des condamnés pour des délits politiques n'inspirent pas de semblables sentimens.... (*Voix à droite:* C'est une très mauvaise morale.) C'est la mienne. (*Voix à droite* : l'aveu est naïf.) J'ai été 14 mois prisonnier comme royaliste ; je sais combien sont à plaindre les prisonniers. J'ai cherché tous les moyens de m'évader ; et vous pouvez facilement vous rappeler, Messieurs, qu'une évasion fameuse, dont une femme à jamais célèbre (Madame de Lavalette) a été l'héroïne, a fait naître une satisfaction presque générale.... (*M. de Granous* : Vous vous trompez ; parlez pour vous et non pour nous.) Elle a épargné un crime à l'histoire de 1815 et des regrets à la patrie. » (Mur-

1825. 23 février.

M. Benjamin Constant : « L'émigration a donné un dangereux exemple, et ce dangereux exemple ne lui confère pas, ce me semble, des droits à une indemnité. Poursuivons. Sujets insoumis, ont-ils été serviteurs fidèles ? (Mouvement à droite.)

« Messieurs, pour qu'il y ait fidélité, il faut qu'il y ait persévérance. La fidélité qui se fatigue et se rebute devient infidélité ; que sera-ce de la fidélité qui non-seulement se retire et se repose, mais qui, passant à l'ennemi, s'engage à lui par serment et accepte en échange des amnisties. » mures à droite.)

1827. 31 mars.

M. Casimir Perrier : « Comment en effet voudrions-nous espérer que l'administration respectât les intérêts des hommes vivans, et s'occupât d'assurer la salubrité des villes, lorsqu'elle laisse outrager, jusqu'au pied des autels, les restes inanimés de ceux qui ont mérité pendant leur vie l'amour et la vénération de leurs concitoyens

(Des murmures s'élèvent.) Un attentat inoui, Messieurs, que vous connaissez tous, est venu mêler un sentiment profond d'indignation à l'affliction générale qu'avait causé la mort du duc de Larochefoucauld! » (Même mouvement).

1827. 10 mai.

M. le comte de Preissac : « Un noble duc (M. de Doudeauville) s'est séparé de vous sans regret et sans crainte, et pourtant il sait que la haine que vous portez au beau nom de Larochefoucauld ne s'arrête pas devant un cercueil! » (Explosion de murmures à droite. *M. le garde-des-sceaux* de son banc : C'est une calomnie !)

---

§ III.

REPRÉSENTATION.

1816. 26 février.

M. Sartelon : « Je vote.... pour que, en cas de vacance d'une place de député, les colléges électoraux soient immédiatement convoqués. » (Murmures.)

1816. 22 avril.

M. de Larochefoucauld : « J'ai l'honneur de vous proposer, Messieurs, de décider que d'ici à quinze jours vous n'accorderez aucun congé. »

On demande la question préalable. Elle est adoptée et le congé accordé.

---

§ IV.

SURETÉ.

1816. 28 novembre.

M. *de Villèle :* « La Charte avait assuré à tous les Français la garantie de leur liberté individuelle en prononçant que « nul ne peut être arrêté que dans les cas et suivant « les formes déterminées par la loi. » (*Une foule de voix s'élèvent :* Il y a des lois temporaires.)

« Ces lois existent; elles peuvent atteindre des individus innocens; quel recours leur reste-t-il, si ce n'est de s'adresser à la Chambre? Il ne leur reste de garantie qu'en vous... Le fait est qu'il (le pétitionnaire) est obligé de se cacher. »

(La Chambre passe à l'ordre du jour à une forte majorité.) (1)

1820. 17 juin.

M. *Alexandre Lameth* : « Ne voyons nous pas d'un côté la confiance des assassins du midi et ceux d'un maréchal de France, et de l'autre l'inquiétude des souscripteurs d'un acte de bienfaisance? inquiétude qui plane même sur la tête de plusieurs de nos honorables collègues... » (Mouvement à droite. *Voix à droite :* Tout cela n'est pas dans la question. M. *Labbey de Pompières :* C'est la vérité... Ecoutez.)

1821. 23 juin.

M. *le général Foy :* « M. le ministre des affaires étrangères vous a dit qu'un Code militaire avait été préparé et qu'il n'était pas fini. Messieurs, ce Code a été terminé; c'est un ouvrage complet, assorti à nos doctrines consti-

(1) *V.* Droit de Pétition.

tutionnelles; mais savez-vous ce qu'on veut en faire aujourd'hui? On veut le mutiler, on veut le détruire. (Murmures à droite.) Oui, Messieurs, et déjà on a détruit une foule d'articles qui établissaient les devoirs du soldat, et par conséquent les droits du citoyen. On les a détruits, parce qu'en faisant du soldat un esclave, on peut en faire aussi un oppresseur. Déjà on a supprimé toutes les parties relatives à la discipline. (Nouveaux murmures à droite. *Plusieurs voix :* A la question.) Il faut bien, Messieurs, que je réponde à ce qu'a dit M. le ministre des affaires étrangères. »

1822. 20 mars.

M. *de Girardin :* « Des gendarmes sont aux portes de Paris; ils demandent des passeports aux voyageurs en poste... (*Voix à droite :* Et pourquoi pas?... Légalité!... De tout temps on en a demandé.) Messieurs, on n'en demande que dans des temps de troubles et dans des momens difficiles... (*Voix à droite :* Et les mouvemens séditieux, et Berton...) Il n'y a pas long-temps, un négociant de Rouen venait à Paris; il a été conduit à la préfecture de police; il y a attendu cinq heures. Après un assez long interrogatoire, on lui a demandé s'il connaissait quelqu'un à Paris. Il a nommé un négociant qu'il a demandé à la préfecture de police, et qui n'a obtenu la liberté de son ami qu'en donnant caution... (*Voix à droite :* Eh bien! après... qu'y a-t-il là... tout cela est légal.) Je demande, Messieurs, si c'est là un état de chose qui mérite vos éloges... » (*Voix générale à droite :* Oui, oui.)

1822. 29 mars.

M. *le général Foy :* « La loi veut que lorsque l'armée est employée dans l'intérieur au rétablissement de la paix publique, elle obéisse aussi à ses chefs, mais... (*Voix à *droite* : Il n'y a pas de mais.) Si, il y en a un. Mais à la condition... (Agitation à droite. *Plusieurs voix de ce côté* : Pas de condition !...) A la condition que l'autorité civile sera là pour diriger l'emploi de la force armée. Eh! Messieurs, s'il en était autrement... » (*Les mêmes voix* : Ce n'est pas la question... Finissons-en... Parlez de votre amendement.)

1829. 18 juin.

M. Dupin aîné : (Sur l'extradition de Galotti.) « Les principes de l'extradition ont été fort controversés, et cependant ils se rattachent à cette idée aussi simple que vraie, que chacun est souverain dans son territoire, que la loi ne punit que les offenses commises dans le pays soumis à son action, et qu'un homme qui échappe à ses magistrats et à l'empire de la loi qui gouverne son pays, doit enfin trouver sur la terre un endroit où il puisse être en sûreté. » (Rumeurs à droite.)

---

§ V.

UNION ET OUBLI.

« Toutes recherches des opinions et votes émis jusqu'à la restauration « sont interdites. Le même oubli est commandé aux tribunaux et aux « citoyens. » (*Charte const.*, art. 11.)

1821. 23 mai.

M. Duplessis de Grénédan : « La première question qui se présente est celle-ci : L'état doit-il en effet une indemnité aux donataires qui ont perdu leur dotation ?...

« Que si maintenant vous parcourez cette liste qu'on vous a servie et qu'on intitule : *Etat des donataires qui ont droit à l'indemnité fixée par la loi proposée aux Chambres*, quels noms y trouverez-vous ?

« C'est entre autres Lavalette, condamné à mort comme conspirateur, et évadé de prison après son jugement. (Vif mouvement à gauche.) Ce sont les deux frères Lallemand, désignés dans l'ordonnance immédiatement après Labédoyère et le maréchal Ney... (Même mouvement.) C'est Drouet, comte d'Erlon ; c'est Lefebvre Desnouettes, qu'il suffit de nommer ; c'est Ameilh, Brazié, le lieutenant-général Gilly, tous compris dans la même ordonnance... »

(Les plus violens murmures interrompent à gauche. *M. Foy* : Mais cela est intolérable... c'est une infamie. *Une foule de voix* : Est-ce donc une liste de proscription que vous voulez dresser. *Une voix à gauche* : Tout cela est bien digne de celui qui a proposé en 1815 le rétablisse-du gibet.) (1).

M. *Duplessis de Grénédan* : « Je cite des noms inscrits sur l'ordonnance du roi, je cite des faits, j'en ai le droit... C'est *Mouton Duvernet*... (Les murmures les plus violens interrompent de nouveau. M. *Foy* : Il est mort ; ne le sa-

(1) Je n'ai pas rapporté cette opinion de M. DE POYMAURIN, parce que je n'ai pas vu que le *côté droit* se l'appropriât par ses *bravos*, et qu'il n'entrait pas dans ma pensée de scruter tyranniquement les consciences. Si, par une induction facile, j'avais cherché à établir que le *côté droit* adopte toutes les professions de foi contre lesquelles il n'a pas protesté, au lieu d'un écrit de soixante et quelques pages, il m'eût fallu faire une encyclopédie non moins volumineuse que celle de DIDEROT, et je n'ai pas le talent de DALEMBERT pour en rédiger l'introduction. Ce que j'ai voulu, je ne puis trop le répéter, c'est montrer le *côté droit* toujours en action, et ne prenant conseil que de lui-même. Si je n'ai rapporté que des fragmens d'opinion, c'est qu'il n'en est aucun qui ne contienne une pensée, et que l'accueil qu'elle a reçu du *côté droit*, expression de son amour ou de sa haine, a successivement prouvé ses sympathies et ses aversions.

vez-vous pas?... M. *de Corcelles* : Vous constituez-vous donc l'exécuteur des hautes-œuvres?...

M. *Duplessis de Grénédan* : « C'est Mouton Duvernet; l'héritier de sa dotation doit avoir suivant le projet, mille francs pour lui, et sa veuve huit cents francs de pension; c'est le lieutenant-général Clausel, député de Bordeaux; dites-nous si c'est à tort que le Roi avait banni celui-ci !... (Vif mouvement à droite.) C'est encore le baron de Belle-Isle... (Nouvelle interruption à gauche. *Voix à droite* : Ecoutez, écoutez. *Voix à gauche* : Mais c'est une chambre ardente qu'on veut établir.)

M. Duplessis de Grénédan continue.

1821. 6 juillet.

M. *Girardin* : « Les libéraux n'étaient pas beaucoup mieux traités dans une circulaire adressée par un préfet aux maires de son département; il leur disait : « Défiez-vous du parti libéral, il cherchera à diviser les électeurs. Les hommes qui le composent ne craignent point d'invoquer la sédition et la révolte avec leurs fureurs; ils sont prêts à sacrifier la patrie, aussi bien que le trône, pour satisfaire leur odieuse ambition et leur orgueil insensé. » (M. *de Cayrol* : C'est un brave homme, dites-nous son nom.)

1822. 16 juillet.

M. le ministre des finances (de Villèle). « Sept années ont été employées par le gouvernement du Roi à imposer des sacrifices à ses peuples, pour mettre le produit des impôts dans la poche de ceux qui avaient servi le gouvernement qui s'était emparé du trône. (*Une foule de voix à droite :* très bien !. bravo !. bravo ! des applaudissemens se font entendre.. Murmure prolongé à gauche. *MM. Lafitte, Foy, Demerçay et plusieurs autres mem-*

bres de ce côté : Vous nous insultez ; c'est une indignité ! !..) Messieurs, vous savez que l'arriéré est le paiement de toutes les dettes contractées par l'ancien gouvernement. (Une foule de voix s'élèvent à gauche. *M. Foy* : la nation a payé la dette de la nation... Plusieurs membres du même côté adressent de très vives interpellations; l'agitation est extrême; M. le président invite la Chambre à garder le silence.) Il me semble que ce que je dis est la vérité. » (*Plusieurs voix à droite*, oui, oui!... c'est l'exacte vérité !... *D'autres voix à gauche* : Vous nous insultez ; c'est indigne ! L'agitation continue).

1828. 5 avril.

M. Alex. Delaborde : « J'arrive à cette tribune pénétré d'indignation des paroles que vous venez d'entendre (1); (Exclamation à droite. *Voix à gauche* : oui, oui ! Laissez parler !) et comme député de la ville de Paris, et comme partisan de l'esprit d'association, et comme une des premières victimes de cette révolution dont on vient toujours accuser ceux qui louent ses heureux effets et qui déplorent ses malheurs. » (Rumeurs à droite... Silence! n'interrompez pas !)

1829. 28 février.

Mad. Bertrand-l'Hordinière, dont le mari avait été membre de diverses assemblées législatives et notamment de la Convention, lui avait fait élever un monument, sur lequel on lisait l'inscription suivante :

« La patrie perdit en lui un de ses meilleurs citoyens, et la liberté un de ses plus zélés défenseurs. »

(1) Le discours de M. de Conny finissait ainsi : « Si de nouvelles tempêtes venaient troubler le repos de la patrie, nous serions sous les armes pour défendre la légitimité. Nous ferions alors des bourres de fusil des pages que nous écrivons aujourd'hui.... »

Six ans après, le procureur du roi de Domfront, accompagné d'une brigade de gendarmerie, fit briser le marbre qui couvrait le monument et effacer l'inscription qu'il disait être séditieuse.

La plainte de la veuve auprès du procureur général et du premier président de la cour de Caen, n'ayant point été prise en considération, elle se plaignait à la Chambre d'un *deni de justice*.

La commission proposait :

1° L'ordre du jour sur la partie de la pétition relative à un prétendu déni de justice.

2° Le renvoi à M. le garde-des-sceaux de la partie relative à M. le procureur du roi.

M. de Pina : « N'est-ce pas braver et la loi, et la pudeur publique, en caractère ineffaçable dans le fond des consciences, que d'appeler *le meilleur des citoyens et le plus ardent défenseur des libertés publiques*, un fougueux conventionnel qui avait osé porter une main sacrilége sur le roi-martyr, et dont le vote, conçu en termes atroces, vous ferait frisonner d'indignation et d'horreur. Quoi! la mort d'un tel homme, serait proclamée comme *une perte pour la patrie!* et dans le royaume très chrétien l'on souffrirait patiemment le blasphême? (Adhésion prononcée à droite et au centre.)

« Cette Chambre ne doit pas affliger notre Roi bien-aimé par la prolongation de cette discussion, mais bien passer à l'ordre du jour sur l'inconvenante pétition de la famille Bertrand. » (*Une foule de voix s'élèvent à droite:* Appuyé, appuyé !)

La Chambre passe à l'ordre du jour.

PÉTITION (DROIT DE).

1819. 14 janvier.

Le maire de Châteaubriant dénonçait à la chambre l'envoi fait par la poste d'un projet imprimé de pétition :

« Je reçois, disait-il, par la poste un modèle, imprimé envoyé par les missionnaires de la propagande anarchique... A les entendre, les acquéreurs de domaines nationaux vont être dépossédés, les droits féodaux vont être rétablis. »

Il demandait le maintien de la Charte et de la loi des élections; plusieurs pétitions avaient été rédigées dans le même esprit. On avait proposé l'ordre du jour.

M. Demarçay : « Quand il s'agit, comme on vient de le dire, de porter un anathème contre l'exercice du droit le plus sacré, contre les pétitionnaires qui se sont adressés à vous, contre la nation entière. » (Des murmures s'élèvent à droite.)

M. Castel-Bajac : « Appelez-vous dix-neuf mille personnes la nation entière ? »

1819. 15 janvier.

M. Manuel : « Si les alarmes dont parlent les pétitionnaires ne sont que des alarmes mensongères, pourquoi la France se trouve-t-elle entièrement frappée de stupeur?» (Des murmures s'élèvent.)

M. Castel-Bajac : « Ce fait est faux, la France n'est point dans la stupeur; dix-neuf mille pétitionnaires ne sont pas la France... »

1819. 15 février.

M. de Villèle : « Le discours que vous venez d'entendre

énonce une longue série de faits dont il résulterait, s'ils étaient constans et prouvés, que nous ne jouissons pas de la liberté des cultes, et que les lois sur l'instruction publique ne sont pas exécutées, mais qu'il y règne un arbitraire intolérable.... Ainsi, en considérant le discours de l'honorable membre comme pièce à l'appui de la pétition, je demande le renvoi de la pétition et du discours à M. le ministre de l'intérieur. » (Une longue et vive agitation succède.)

1819. 7 avril.

Le sieur Giacoobi de Corte, député de la Corse, dénonce un assassinat commis sur un conseiller de la cour royale d'Ajaccio. Il demande que l'on informe pour connaître la vérité. (On propose l'ordre du jour, fondé sur ce que la signature du pétitionnaire peut être contrefaite, etc.)

M. Casimir Perrier : Sur un assassinat!)

Après avoir entendu M. Manuel, qui conclut pour le renvoi, plusieurs membres demandent l'ordre du jour. Un député de la Corse, qui appuie cette proposition, déclare cependant que l'attentat a été commis.... La pétition est renvoyée au ministre de l'intérieur.

1820. 19 avril.

Des habitans du canton de Pontrieux, département des Côtes-du-Nord, après avoir payé un juste tribut de douleur et d'indignation à l'occasion de la mort du duc de Berri, demandent surtout que cette circonstance ne soit pas mise à profit pour faire rendre des lois d'exception, et que la France entière ne soit pas punie comme complice d'un crime qui n'appartient qu'à un seul individu.

On propose l'ordre du jour.

M. Benjamin Constant parle contre, et demande le renvoi à M. le président du conseil des ministres.

M. le président : « La chambre passe à l'ordre du jour. »

M. Benjamin Constant : « Je ne le croyais pas... »

M. le président : « Le président ne fait que proclamer la déclaration du bureau. »

M. Benjamin Constant : « MM. les secrétaires à la 2e épreuve devaient se placer à la tribune. »

Voix à droite : Cela est facultatif... Le règlement n'en dit rien.... *D'autres voix* : Cela est fini ; la chambre a délibéré.

1822. 29 juin.

Un pétitionnaire demandait l'abolition de la peine de mort établie par l'art. 87 du code pénal.

La commission proposait l'ordre du jour, attendu l'existence des lois.

M. Benjamin Constant réclame la parole. (Des murmures s'élèvent à droite. *Plusieurs voix* : Qu'est-ce qu'il y a à dire là-dessus.... Demandez-vous l'abolition de la peine de mort ?... Voulez-vous parler pour Berton.)

M. Benjamin Constant : « Mon intention n'est pas d'entrer dans le fond de la question, et d'examiner jusqu'à quel point la société a le droit de prononcer la peine de mort.... » (*Voix à droite*: Je le crois bien; ce n'est pas le moment.)

M. Benjamin Constant : « Nous ne devons pas avoir l'air de rejeter sans égard une proposition qui n'a pu être dictée que par un louable sentiment; il faut qu'on sache bien en France que nous nous ne partageons pas les fureurs d'une tourbe de révolutionnaires qui s'agitent... (On rit et on murmure à droite. *Voix diverses* : Ah ! Ah ! des révolutionnaires.) Je demande, pour l'honneur de la chambre et par respect pour les droits de l'humanité, que la pétition soit au moins renvoyée au bureau des renseignemens.»

M. Pardessus: « Je demande à répondre....» (*Voix à droite* : Non, nous laissons tomber cette discussion.... On demande l'ordre du jour. Il est adopté.)

1828. 9 février.

M. Casimir Perrier : « Quand 50 électeurs vous dénonceront des fraudes électorales, vous devez, par égard pour le droit de pétition et par la gravité des faits signalés, renvoyer leur pétition au ministre où à une commission.... ». (Des murmures s'élèvent.)

1828. 26 avril.

Bissette et Fabien, condamnés à la flétrissure pour délits de la presse, demandaient à être autorisé à poursuivre M. de Peyronnet.

M. Benjamin Constant : « Quand un grand délit est dénoncé, quand vous voyez que quelqu'un est coupable de ce délit, prouvez à la France que vous voulez aller au fond des choses, dans l'intérêt de la justice et de l'humanité, dans l'intérêt même de cet ancien ministère, pour lequel on voudrait avoir tant.... (Interruption à droite.) Vous n'écarterez pas les pièces qu'on vous présente : si vous croyez l'ancien ministère innocent, elles serviront à sa justification ; si vous le croyez coupable, l'empressement que vous mettrez à les repousser retombera sur lui et viendra l'accabler encore plus dans l'opinion publique. »

La chambre passe à l'ordre du jour.

1829. 28 février.

M. Tougard, avocat à Rouen, demandait l'abolition de

la peine de mort pour les faux monnayeurs ; la commission reclamait le dépôt au bureau des renseignemens et le renvoi à M. le garde-des-sceaux.

M. de Tracy : « La peine de mort est appliquée aux incendiaires comme aux faux monnayeurs, et les réflexions qu'on a faites à l'égard de ceux-ci s'appliquent aussi bien à ceux-là. (Rumeurs à droite.) Il repugne aux idées que je me suis faites sur la proportion entre les délits et les peines, de voir priver de l'existence un homme dont tout le crime est d'avoir détruit la valeur d'une chose. »

M. de Berbis demande l'ordre du jour.

M. de la Boulaye : « Un homme pressé par la faim en arrête un autre au coin de la rue, je le conçois ; mais le faux monnayeur avait de l'argent pour acheter la matière et le moule ; il ne peut donc invoquer la nécessité ; son crime n'est pas excusé non plus par la précipitation, car il faut du temps pour le commettre. »

Nonobstant cette observation, la chambre ordonne le renvoi et le dépôt au bureau des renseignemens.

1829. 10 avril.

M. Franque, avocat à Paris, présente une pétition pour demander que la loi du 20 avril 1825, intitulée loi pour la répression des crimes et délits commis dans les édifices ou sur les objets consacrés au culte, soit abrogée comme inutile et même comme attentatoire à la Charte ; ou bien dans le cas où il serait jugé convenable d'en conserver quelque partie, de rapporter au moins le titre 1er.

M. de Pina : « Je sais bien, Messieurs, que la chambre se montre beaucoup plus indulgente que les tribunaux, et qu'elle croit devoir souvent tolérer les abus même du droit de pétition ; je sais qu'elle permet à des gens sans mission d'usurper une fois par semaine le droit d'initiative qu'elle n'a pas elle-même, et qui était réservé au Roi seul : tantôt ces gens vous proposent d'abroger une loi ; tantôt de modifier un article de la Charte ; et comme la presse n'offrirait pas à ces auteurs faméliques les moyens suffisans pour se faire remarquer du public, ils spéculent sur les pétitions qui les dispensent de payer un libraire. » (On rit à gauche. *A droite* : très bien.)

L'ordre du jour est mis aux voix.

Le côté droit et le centre droit, avec quelques membres du centre gauche, se lèvent pour.

Le côté gauche et le centre gauche, avec quelques membres du centre droit, se lèvent contre.

M. le président : « La chambre ne passe pas à l'ordre du jour. (Réclamations à droite.) Messieurs, le bureau est unanime ; il n'y a aucun doute. »

Le dépôt au bureau des renseignemens est ensuite mis aux voix et adopté.

RELIGION (SENTIMENT DES BESOINS DE LA).

1819. 24 décembre.

M. de Chauvelin : « La France est calme, elle n'aurait pas éprouvé la plus légère agitation, sa tranquillité n'aurait pas été troublée un instant, si l'on ne s'était livré à des excès en matière religieuse. » (Vive interruption.)

M. de Puymaurin : « C'est vous... »

M. Castel-Bajac : « C'est faux, c'est faux, à l'ordre... »

M. Clausel de Cousergue : « Respectez la religion de nos pères... A l'ordre, à l'ordre... »

1829. 7 mars.

M. de Sade : « Il nous reste à vous entretenir de la dernière partie de la pétition. Son auteur s'y plaint des mauvais effets qui plus d'une fois auraient accompagné les prédications des missionnaires. Il se plaint, que loin d'être un moyen d'édification et de rapprochement, elles n'ont que trop souvent été une source de scandale et de désordre. » (Murmures à droite.)

1829. 10 avril.

Les habitans de la Londe, département de la Seine-Inférieure, dénonçaient un très grand nombre de griefs contre leur desservant et demandaient qu'une enquête fut faite par le gouvernement. La commission proposait le renvoi au ministre des affaires ecclésiastiques.

M. de la Boulaye : « Quand j'ai vu les orateurs épuiser les foudres de leur éloquence contre un malheureux pasteur, je me suis rappelé le vers de Lafontaine :

Jupiter, prête-moi ta foudre. » (On rit.)

L'ordre du jour est rejeté à une forte majorité formée de la gauche, du centre gauche et d'une partie du *centre* droit.

---

§ I.

CORPORATIONS RELIGIEUSES.

1822. 19 janvier.

M. Étienne : « Faut-il s'étonner de l'influence toujours croissante d'une société célèbre qui occupera bientôt toutes les avenues du pouvoir. Son esprit, qui s'accomode si bien de tout, convenait, il est vrai, aux temps où nous sommes. Serait-ce donc cette secte qui veut interpréter aujourd'hui notre charte, comme elle interprête l'évangile, et travestir la parole royale comme elle a travesti la parole divine. (Murmures à droite, adhésion à gauche.)

M. B. Constant : « Je crois que votre projet de la presse semble aussi prendre sous sa protection ces corporations si bizarrement introduites en France au mépris de la Charte et contre l'intérêt de la religion; ces corporations dont les manes d'Henri III et d'Henri IV doivent s'étonner de voir la résurrection. (Murmures à droite.) Oui, Messieurs, ces corporations régicides justement exilées de la France. » (Nouveaux murmures à droite. *Une voix à droite* : Ce sont les jacobins qui étaient des régicides...)

M. B. Constant : « Oui, c'étaient des jacobins, Jacques Clément... » (Une très vive agitation se manifeste.)

1826. 27 mai.

M. Casimir Perrier : « Il existe des arrêts; leurs *considérans* ont présenté ces sociétés comme dangereuses. Certes, vous ne regarderez pas les paroles de la magistrature de France comme des allégations vagues. » (Mouvement en sens divers.)

1828. 4 juin.

M. Thil : « Plusieurs journaux, j'en conviens, harcèlent constamment et combattent avec énergie une société dont l'apparition en France fut présentée d'abord comme une espèce de fantôme (Murmures à droite) ; et ce fantôme, que M. le ministre des affaires ecclésiastiques nous a assuré avoir eu le bonheur de ne pas rencontrer, est bientôt devenu le plus mortel ennemi de notre gloire et de nos libertés. » (Approbation à gauche. Rumeurs à droite.)

§ II.

LIBERTÉ DES CULTES.

1821. 19 mai.

M. Manuel : « Pourquoi n'avez-vous pas fait pour la religion protestante ce que vous avez fait pour la religion catholique. (*Voix à droite* : C'est la religion de l'état.) Je le sais; mais la Charte parle aussi de la liberté des cultes et dit qu'ils seront également protégés. Je demande s'il y a eu égalité de protection. Pourquoi n'admet-on pas aussi la surveillance des ministres protestans dans les colléges?...

» Je cherche si l'ordonnance embrasse tous les intérêts. Je vois qu'elle ne s'occupe pas du culte protestant. » (*Voix à droite* : Elle ne pouvait pas s'en occuper.)

1822. 1er mai.

M. Manuel : « S'il y a des désordres, des intrigues, des séductions, des séditions, est-il si difficile de leur ôter tout prétexte? Est-il donc si important qu'au milieu de Paris on souffre les prédications de ces missionnaires...? » (De violens murmures interrompent. *Voix nombreuses* : Ah ! nous y voici... Et la Charte... et la liberté des cultes... Est-ce que la loi ne protège pas la liberté des cultes... Faites nous venir vos missionnaires de Saumur.)

1825. 13 avril.

M. le garde-des-sceaux avait dit, en présentant la loi du sacrilége : la Charte fut donnée à une nation catholique.

M. Bertin de Vaux : « La Charte a été donnée à la nation française, qui compte dans son sein toutes les communions chrétiennes. Affirmer qu'elle n'a été donnée qu'à une de ces communions, c'est d'un trait de plume dépouiller les chrétiens dissidens des bienfaits de la loi commune; c'est les faire retourner au régime de la révocation de l'édit de Nantes ; c'est rallumer parmi nous le foyer des guerres religieuses; c'est une calomnie contre la Charte et contre la mémoire de son auguste auteur. » (Murmures à droite.)

1829. 25 janvier.

M. B. Constant : « Ne vous a-t-on pas dit dans le rapport qu'insulter la religion catholique, c'était insulter le Roi. J'avais entendu dire quelquefois qu'insulter le Roi, c'était insulter Dieu, parce que les rois étaient des images de Dieu. (*Voix à droite* : Très certainement.) Mais sur quoi fonde-t-on cette prétention, qu'insulter la religion catholique c'est insulter le Roi ? Sur ce que, dit-on, le Roi est catholique. (*Voix à droite* : Dit-on ?) Eh ! Messieurs, sans doute le Roi est catholique ; mais quelle disposition de votre Charte, quel principe empêcherait qu'un roi protestant ne régnat sur vous? un roi de la dynastie régnante, Henri IV, n'était-il pas protestant ? (*Plusieurs voix* : Il s'est fait catholique.) Et croyez-vous que les Français eussent retardé le bonheur de le posséder jusqu'au moment où il aurait été à la messe ? (Murmures à droite. *Plusieurs voix* : Il s'est fait catholique...) C'est la ligue qui l'y a obligé... » (Une vive agitation succède.)

ROI.

1819. 8 mars.

M. de Corcelles. « Il est évident à mes yeux qu'on médite le renversement de nos lois, lorsque je vois les dispositions militaires qui menacent la capitale ; lorsque je vois nos légions remplacées par des régimens concentrés de la garde. » (*Une foule de voix à droite* : Qu'est-ce que cela signifie ... de quoi vous mêlez-vous... respect à l'autorité du Roi ... *à l'ordre! à l'ordre!*)

1820. 18 juin.

M. le général Foy. « Quand on invoque l'opinion du Roi comme personne publique, cela ne peut s'entendre que de l'opinion du Roi, émise dans les formes constitutionelles, sous la responsabilité d'un ministre. ... C'est cette volonté qui a été absente pendant ces jours de malheurs... Les ministres ont manqué à leur devoir envers le trône, parce que les ministres n'ont pas su qu'il n'est pas permis de faire faire la police à coups de sabre sur les boulevards comme cela se passe à Constantinople. » (De violens murmures interrompent, et une longue agitation succède.)

1823. 26 février.

M. Manuel : « Ferdinand n'a rien promis ; mais en revanche, il a des vengeances terribles à exercer ; son gouvernement était atroce...» (*Voix à droite* : A l'ordre! à l'ordre! ... *M. Forbin des Issarts* : C'est insulter un gouvernement établi... Cela n'est point parlementaire... Il est impossible de laisser passer cela... A l'ordre! à l'ordre!..)

M. le président : « Messieurs, j'ai entendu la manière dont l'orateur s'est expliqué. Si ce langage s'était adressé à la personne d'un souverain, j'aurais cru qu'il était de mon devoir de le rappeler à l'ordre ; mais il parlait du gouvernement.» (*Voix à droite* : Le gouvernement, c'est le Roi... Il a dit : Son gouvernement était atroce..)

1828. 29 mai.

M. Mauguin. « Déjà plus d'une fois vous avez entendu

des ministres prononcer à cette tribune un nom sacré que le respect devrait nous engager à écarter de nos discours; mais jamais du moins vous n'aviez entendu parler d'ennemis du Roi. Non, le Roi n'a et ne saurait jamais avoir d'ennemis en France. (Mouvement à droite.) La seule supposition contraire est un blasphème politique. » (Interruption.)

1828. 9 avril.

M. Siericys. Comme particulier, comme bon prince, le Roi n'a pas d'ennemis; mais comme Roi, il en a beaucoup en France... » (Ces mots excitent un vif mouvement dans la partie gauche de l'assemblée ; des cris: *à l'ordre! à l'ordre!* se font entendre avec force.)

Après avoir écouté les explications de l'orateur, *M. le président se lève.* (Profond silence.) Permettez-moi de vous rappeler que vous ne vous êtes pas seulement servi de cette expression, « Le Roi a des ennemis » ; mais de celle-ci : « Le Roi a beaucoup d'ennemis en France». Je crois, Monsieur, que ces expressions ne sont pas justifiées par quelques condamnations de libelles, ni pas l'arrêt que vous avez cité. Cette expression : *le Roi a beaucoup d'ennemis en France,* j'en appelle aux sentimens de la France, est offensante pour le Roi et calomnie la France. Je suis obligé de vous rappeler à l'ordre. »

(*Voix nombreuses:* Bravo! bravo !)

TRAITE DES NOIRS.

1821. 12 juillet.

M. B.-Constant : « Quant à moi, je tiens à honneur d'avoir associé mon nom... (*M. de Puymaurin* à l'abbé

Grégoire... A la société des amis des noirs... à ceux qui ont incendié Saint-Domingue), d'avoir, dis-je, associé mon nom aux hommes vertueux qui, depuis trente ans, s'élèvent contre un trafic si honteux, que ceux-là même qui le font n'osent pas justifier.»

1822. 31 juillet.

M. B. Constant : «Après ce que j'ai eu l'honneur de dire à la Chambre dans deux sessions consécutives, après ce que vient de dire M. de Laborde dans son dernier discours, j'espérais que M. le ministre de la marine nous donnerait quelques éclaircissemens sur cette coupable continuation de la traite des nègres. (Murmures à droite). Je suis accoutumé, toutes les fois que je défends des hommes opprimés, blancs ou noirs, a entendre des murmures (On rit à droite.); mais ces murmures ne m'empêcheront pas de les défendre. Je conçois que quand il est question, soit des citoyens français accusés, soit des nègres voués au fouet ou à la roue, on doit entendre des éclats de rire dans une portion de cette Chambre. (Murmures à droite. *Plusieurs voix de ce côté* : C'est effroyable!) Ce qui est effroyable, c'est de rire et d'insulter. (*Les mêmes voix :* C'est affreux! On est ici plus humain que vous.) Je déclare que quelque peu parlementaire que cela soit, je répondrai à toutes les interruptions; j'y répondrai ici et ailleurs. (On rit à droite.) J'ai répondu à tout ce qu'on m'a fait l'honneur de me dire.»

1825. 16 mai.

M. B. Constant : «Vous devinez déjà que je veux parler des réclamations renouvelées sans cesse à cette tribune contre un trafic... (Des murmures s'élèvent.) Messieurs, c'est la seule session où l'on n'ait pas permis à un orateur d'élever la voix en faveur de l'humanité.»

M. B. Constant : « J'ai demandé des lois plus sévères sur la traite des nègres. L'honorable... (On rit.) Le préopinant a dit que ceux qui demandent des lois plus sévères pour réprimer le trafic n'étaient pas dirigés par des sentimens d'humanité, puisqu'ils avaient applaudi à tous les excès de la révolution : ceci est une attaque directe.» (*M. Dudon* : C'est contre le parlement anglais.)

1829. 1er juillet.

M. B. Constant : « Tant que subsistera l'édit de 1738, qui repousse les dépositions des esclaves, seuls témoins des crimes commis contre leurs compagnons de misère, aucun attentat ne sera constaté, aucune poursuite n'aura de résultat, aucune peine ne pourra être infligée; alors le secours donné aux esclaves périssant de faim, de froid, ou même assassinés, n'est qu'une dérision empreinte de barbarie. Qui ne sent en effet qu'après leurs plaintes encouragées par l'art. 26 de l'édit de 1685, rendus à leurs maîtres irrités, ils expiront, par des traitemens cent fois plus cruels, leur appel imprudent à l'illusoire protection des lois.» (Murmures.)

1829. 11 juillet.

M. de Tracy : « Je n'ai pas moins été étonné d'entendre M. le Ministre de la marine, qualifiant, comme il le devait, la traite des noirs de *brigandage infâme*, et, en même temps, lorsqu'on lui faisait voir que du 4 novembre 1828 au 6 janvier 1829 dix-sept cents noirs avaient été importés dans la seule colonie de la Martinique, ne trouver d'autre réponse que celle-ci : Qu'il n'avait pas assez de bâtimens pour s'opposer à ce qu'il a si justement nommé un *brigandage infâme*.» (Interruption à droite.)

FIN DES DOCUMENS.

CONCLUSION.

La Gazette de France a dit, le 10 août 1829 :

« Les royalistes ont été en immense majorité de 1821 « à 1828, et ils n'ont rétabli ni les lettres de cachet, ni « les droits féodaux, ni le pouvoir absolu, et *ils se sont* « au contraire *plus fortement attachés* au système repré- « sentatif qui a fourni au plus grand nombre d'entre eux « les moyens de *mettre en relief* leur attachement aux in- « térêts du pays, et leurs talens. »

Elle ne croyait pas sans doute qu'on voulût prouver contre elle en mettant ces travaux au grand jour, et je n'aurai pas besoin de le dire ; ce n'est pas à son défi que je répondrais. Mais puisque, sans la chercher, j'en ai trouvé l'occasion, je ne serai pas fâché de voir comment la Gazette de France soutiendra ce qu'elle a si consciencieusement avancé. J'ai montré combien *fortement* se sont attachés au système représentatif les royalistes dont elle parle. Il faut qu'elle établisse le contraire, ou qu'elle reconnaisse qu'elle a été *calomniatrice* et *perfide*. L'alternative est inévitable, et se taire serait s'amender.

SUPPLÉMENT.

DÉPUTÉS.

1821. 24 décembre.

M. de Corcelles : « Aucun des représentans de la France n'appartient au fisc ni de près ni de loin. » (*Voix à droite* : Nous ne sommes point des représentans...)

1822. 11 mars.

M. B. Constant : « Vous avez entendu un de nos honorables collègues, Monsieur le général Demarçay, dans le rapport très simple et très clair qu'il vous a fait, des outrages auxquels il avait été exposé ; il vous a dénoncé l'agent de police qui l'avait outragé. Je crois me souvenir qu'il nous a dit qu'on lui avait promis, ainsi qu'au chef de la garde nationale, la répression de cet agent. Savez-vous quelle a été cette répression? Cet agent a été promu à la place d'inspecteur général de police. » (*Voix à droite* : On a bien fait.)

§ I.

DEVOIRS DES DÉPUTÉS.

1817. 8 janvier.

M. de Villèle : « J'ai une proposition à faire ; la voici : « Les députés qui, ultérieurement à leur nomination, seraient promus par le gouvernement à une fonction où à un emploi amovible, cesseront, par le seul fait de leur acceptation, de faire partie de la chambre : mais ils pourront y être réélus par leur département, s'ils ne sont dans les cas prévus par l'art. 17...» (1) (*Une foule de voix* : Appuyé ! appuyé !... Une vive agitation succède... On demande vivement la question préalable.)

---

§ II.

DROITS DES DÉPUTÉS.

1821. 21 mars.

M. Sébastiani : « Messieurs, ceux qui ont quelque connaissance de la politique qui a précédé l'époque de notre révolution, savent que la France s'est partout efforcée d'empêcher les agrandissemens de l'Autriche en Italie; eh bien ! aujourd'hui l'Autriche s'avance vers Naples... » (Interruption à droite. *Plusieurs voix* : Ce n'est pas là la question... Il s'agit des comptes de 1818.)

M. le président (Ravez) observe à Monsieur Sébastiani qu'il n'est pas dans la question.

M. le général Sébastiani : « Je suis tellement dans la question, que l'accroissement des dépenses qui s'est opéré en 1819 a été occasioné par un congrès. Nous sommes donc obligés de parler de congrès, si vous voulez que nous discutions la dépense ; et à moins que vous ne prétendiez mutiler et notre pensée et nos fonctions législatives, nous avons dû appeler votre attention sur les congrès, puisqu'ils paraissent avoir nécessité la dépense. (Mouvement d'approbation à gauche.) Les congrès ont occasioné une insurrection à Naples; ils ont excité partout des mécon-

(1) Art. 17. Les préfets et les commandans militaires ne peuvent être élus députés dans les départemens où ils exercent leurs fonctions.

tentemens... (Murmures à droite... *M. Piet* : La dépense n'est pas pour un congrès.)

« . . . . . . Lorsque l'Autriche marchait... » (1).

M. le président : « Je réitère l'observation que dans une discussion ayant pour objet un article de la loi des comptes... »

M. de Corcelles : « Monsieur le président, vous êtes le président de la chambre et non son censeur. »

M. le président : « Je ne suis le censeur de personne; je rappelle à la question en vertu d'un article formel du règlement. Nous traitons ici des affaires de France et non des affaires politiques de l'extérieur. »

M. de Chauvelin : « Dans quel occasion voulez-vous qu'on les traite... Vous voulez donc que nous discutions comme un conseil de préfecture !... »

1821. 17 avril.

M. le général Foy : « Au moment où les forces des étrangers sont triplées, quand je vois diminuer l'armée de terre, quand je vois renvoyer les soldats en congés absolus, quand je vois ne pas recruter l'armée conformément à la loi du 10 mars 1818, quand je la vois mécontente et troublée par l'arbitraire, alors, Messieurs, je dois craindre et tout craindre pour la France et l'armée. » (Murmures à droite... *A la question* ! *à la question* !.)

1821. 18 mai.

M. Manuel : « S'il entrait dans les principes de ceux qui défendent le concordat de 1817, que le pays et le Roi fussent le maître de disposer des institutions religieuses en France, sans être obligés de recourir au pouvoir légis-

(1) *V.* Politique du Gouvernement.

latif; s'il arrivait que les principes ultramontains prissent tous les jours plus de force et empiétassent sur les pouvoirs et sur les libertés publiques. » (Murmures à droite. *Plusieurs voix* : S'il arrivait ! s'il arrivait !... Pourquoi supposer ?)

1822. 27 février.

M. le général Foy : « Monsieur le ministre des affaires étrangères a dit que le Roi, faisant les traités de paix et d'alliance, nous ne devions pas nous mêler des transactions diplomatiques. (*Plusieurs voix à droite* : Il a eu raison.) Eh ! Messieurs, c'est parce que le Roi fait les traités de paix et d'alliance, que nous demandons compte à ses ministres des transactions diplomatiques. Si le Roi ne les faisait pas, nous ne pourrions leur en demander compte.

1822. 30 juillet.

M. le général Semelé. « Si j'en excepte les Suisses, l'armée est nationale.... C'est à cette armée à qui l'on ordonnerait d'aller tuer des Espagnols et de se faire tuer par eux, parce qu'ils veulent jouir des mêmes avantages que nous. (Murmures à droite.)

« C'est enfin cette armée nationale qu'on emploierait à servir l'ambition d'une oligarchie autant ennemie des rois que des peuples. » (Nouveaux murmures.)

1822. 31 juillet.

M. Labbey de Pompières : « Il n'appartient pas à un ministre de venir à cette tribune dicter la forme de nos amendemens. Un ministre n'a d'autre mission ici que celle de présenter les projets de loi, de les défendre, et de répondre aux demandes qui lui sont faites. A la session dernière, j'eus l'honneur de dire à Son Excellence qu'elle devait réserver son ton de supériorité pour son salon. (Murmures à droite.)

« Messieurs de la majorité, je défends vos droits comme les miens; soutiens de la dignité de la Chambre, un jour viendra où vous m'imiterez : vous ne marcherez pas toujours d'accord avec les ministres, et vous combattrez leur despotisme comme moi.

FIN.

www.ingramcontent.com/pod-product-compliance
Ingram Content Group UK Ltd.
Pitfield, Milton Keynes, MK11 3LW, UK
UKHW012221240726
13966UKWH00003B/881

9 782012 479241